I0536457

BESTACTIVITYBOOKS.COM

PREMIERE ÉDITION

Dépôt légal, 2022

Illustration Graphique Extra: www.freepik.com
Merci à Alekksall, Starline, Pch.vector, Rawpixel.com, Vectorpocket, Dgim-studio, Upklyak, Macrovector, Stockgiu, Pikisuperstar & Freepik.com Designers

5 ASTUCES POUR DÉMARRER !

1) COMMENT RÉSOUDRE LES MOTS MÊLÉS

Les puzzles sont dans un format classique :

- Les mots sont cachés sans espaces, tirets, ...
- Orientation : Les mots peuvent être écrits en avant, en arrière, vers le haut, vers le bas ou en diagonale (ils peuvent être inversés).
- Les mots peuvent se chevaucher ou se croiser.

2) UN APPRENTISSAGE ACTIF

Un espace est prévu à côté de chaque mots pour noter la traduction. Pour favoriser un apprentissage actif un **DICTIONNAIRE** à la fin de cette édition vous permettra de vérifier et étendre vos connaissances. Cherchez et notez les traductions, trouvez-les dans le Puzzle et ajoutez-les à votre vocabulaire !

3) MARQUEZ LES MOTS

Vous pouvez inventer votre propre système de marquage. Peut-être en utilisez-vous déjà un ? Sinon, vous pourriez, par exemple, marquer les mots qui ont été difficiles à trouver d'une croix, ceux que vous avez aimés d'une étoile, les mots nouveaux d'un triangle, les mots rares d'un diamant, etc...

4) STRUCTUREZ VOTRE APPRENTISSAGE

Cette édition vous offre un **CARNET DE NOTES** très pratique à la fin du livre. En vacances ou en voyage ou à la maison, vous pouvez facilement organiser vos nouvelles connaissances sans avoir besoin d'un second bloc-notes !

5) VOUS AVEZ FINI TOUTES LES GRILLES ?

Allez à la section bonus **CHALLENGE FINAL** pour trouver un jeu gratuit à la fin de cette édition !

Simple et Rapide ! Découvrez notre collection de livres d'activités pour votre prochain moment de détente et **d'apprentissage**, à juste un clic de distance !

Trouvez votre prochain défi sur :

BestActivityBooks.com/MonProchainLivre

À vos marques, prêts... Partez !

Saviez-vous qu'il existe environ 7 000 langues différentes dans le monde ? Les mots sont précieux.

Nous aimons les langues et avons travaillé dur pour créer les livres de la plus haute qualité pour vous. Nos ingrédients ?

Une sélection des thématiques d'apprentissage adaptée, trois belles parts de divertissement, puis nous ajoutons une cuillère de mots difficiles et une pincée de mots rares. Nous les servons avec soin et un maximum de plaisir pour vous permettre de résoudre les meilleurs jeux de mots mêlés qui soient et d'apprendre en vous amusant !

Votre avis est essentiel. Vous pouvez participer activement au succès de ce livre en nous laissant un commentaire. Nous aimerions vraiment savoir ce que vous avez préféré dans cette édition !

Voici un lien rapide qui vous mènera à la page d'évaluation de vos commandes :

BestBooksActivity.com/Avis50

Merci pour votre aide et amusez-vous bien !

De la part de toute l'équipe

1 - Adjectifs #2

J	S	F	E	P	E	S	C	F	C	N	V	K	A	N
S	A	V	L	R	P	O	N	O	S	A	N	R	U	A
B	K	K	E	O	N	T	M	V	I	R	E	E	T	D
V	Q	W	G	D	E	S	L	A	N	O	V	A	E	A
F	T	F	A	U	V	I	C	R	V	V	U	T	N	R
O	S	B	N	K	D	Č	P	D	V	O	Č	I	T	E
R	G	F	T	T	D	R	C	Z	O	G	L	V	I	N
W	F	I	A	I	L	Q	A	J	X	D	H	A	Č	G
H	V	J	N	V	J	P	H	M	D	O	P	N	N	C
O	J	L	A	N	G	L	U	I	A	B	R	N	O	C
H	P	V	T	O	V	O	N	H	X	T	P	Z	L	Đ
U	G	I	V	V	O	V	I	J	L	M	I	N	A	Z
S	Đ	D	S	M	O	Ć	A	N	D	F	H	C	R	V
R	K	W	O	N	G	J	A	W	O	D	N	D	N	Y
D	T	I	H	G	O	N	D	O	R	I	R	P	W	O

AUTENTIČNO
ČUVEN
KREATIVAN
OPISNO
NADAREN
DRAMATICNO
ELEGANTAN
PONOSAN
JAK
ZANIMLJIVO

PRIRODNO
NOVO
PRODUKTIVNO
MOĆAN
ČISTO
ODGOVORAN
ZDRAV
SLANO
DIVLJI
SUHO

2 - Formes

K	T	G	I	O	Y	Y	V	O	V	J	Y	Y	H	K
P	O	N	E	Q	R	F	P	T	V	A	G	I	U	V
R	A	C	R	A	A	Đ	W	I	Q	A	A	E	N	A
A	G	K	K	I	D	L	I	O	R	F	L	C	P	D
V	U	R	H	A	N	A	R	T	S	A	Y	N	G	R
O	X	I	F	S	I	J	Đ	W	Y	E	M	H	I	A
U	G	V	C	P	L	I	E	S	D	M	S	I	T	T
G	I	I	N	I	I	N	B	Y	V	C	I	I	D	O
A	J	N	F	L	C	I	K	R	U	G	R	K	G	E
O	S	A	U	E	N	L	X	W	D	I	P	T	I	N
N	H	I	P	E	R	B	O	L	A	P	F	S	C	O
I	T	R	O	U	G	A	O	J	K	R	O	Q	Đ	C
K	R	N	K	T	E	N	Z	B	K	E	D	O	N	C
O	N	I	R	W	G	B	I	V	I	C	E	G	O	X
P	O	L	I	G	O	N	H	Z	S	K	H	H	H	Q

ARC
IVICE
KVADRAT
KRUG
UGAO
KRIVINA
CONE
STRANA
KOCKA
CILINDAR
ELIPSA
HIPERBOLA
LINIJA
OVALNI
POLIGON
PRISM
PIRAMIDE
PRAVOUGAONIK
TROUGAO

3 - Force et Gravité

O	Q	K	R	E	T	A	N	J	E	M	W	N	Z	N
O	R	A	D	U	T	L	E	U	J	D	Y	O	L	W
S	A	B	W	H	P	W	L	R	J	J	A	F	F	Đ
O	T	P	I	G	P	R	O	Q	F	J	E	W	R	E
B	N	R	Đ	T	D	Q	O	V	E	J	N	E	R	T
I	E	L	A	Z	A	P	B	Š	Ć	K	R	R	Đ	E
N	C	A	V	Z	D	W	A	K	I	Z	I	F	C	N
E	Đ	L	Y	W	D	L	W	M	R	R	H	Đ	I	A
B	R	Z	I	N	A	A	J	E	K	A	E	A	J	L
V	R	I	J	E	M	E	L	C	T	F	E	N	X	P
M	E	H	A	N	I	K	A	J	O	A	W	I	J	P
D	I	N	A	M	I	Č	K	I	I	Y	Đ	Ž	O	E
K	P	R	I	T	I	S	A	K	J	N	G	E	S	S
U	N	I	V	E	R	Z	A	L	N	I	A	T	A	Z
M	A	G	N	E	T	I	Z	A	M	E	G	V	Z	I

OSA
CENTAR
OTKRIĆE
RAZDALJINA
DINAMIČKI
PROŠIRENJE
TRENJE
UDAR
MAGNETIZAM
MEHANIKA
KRETANJE
ORBITA
FIZIKA
PLANETE
TEŽINA
PRITISAK
OSOBINE
VRIJEME
UNIVERZALNI
BRZINA

4 - Adjectifs #1

T	F	S	J	X	P	A	I	Y	P	T	B	B	H	R
I	G	P	E	O	Q	R	D	H	S	A	F	Z	C	S
N	M	O	H	Y	X	O	E	O	O	N	M	A	H	A
U	E	R	J	G	T	M	N	N	L	A	B	Z	D	V
P	I	V	V	M	G	A	T	Z	A	K	Š	E	T	R
T	G	W	I	N	K	T	I	O	K	M	B	W	L	Š
O	T	A	W	N	Z	I	Č	I	T	Y	O	F	P	E
P	B	I	T	A	N	C	N	C	I	Đ	N	R	Q	N
M	L	A	D	M	P	N	I	I	V	W	Č	Z	G	O
D	K	W	B	V	O	O	X	B	N	F	A	W	K	O
Q	Z	Y	G	Q	K	D	Y	M	O	X	L	T	F	N
S	T	F	N	Q	X	Đ	E	A	H	J	V	N	U	V
Z	R	S	F	G	B	N	E	R	K	S	I	C	O	I
E	G	Z	O	T	I	Č	N	O	N	K	R	I	Y	D
U	M	J	E	T	N	I	Č	K	I	A	P	Q	Z	I

POTPUNI
AKTIVNO
AMBICIOZNO
AROMATICNO
UMJETNIČKI
PRIVLAČNO
DIVNO.
EGZOTIČNO
OGROMAN
ISKREN
IDENTIČNI
BITAN
NEVIN
MLAD
SPOR
TEŠKA
TANAK
MODERNA
SAVRŠENO

5 - Instruments de Musique

B	J	L	K	V	Q	Q	S	Đ	N	D	E	C	K	V
C	P	N	H	Z	N	E	H	J	T	R	U	B	A	B
H	A	R	M	O	N	I	K	A	B	M	I	R	A	M
B	U	B	A	N	J	O	D	Y	F	O	Z	F	U	T
U	N	W	N	H	Z	U	F	E	H	C	V	L	D	A
W	I	W	I	F	W	G	N	O	G	X	O	A	A	M
K	L	I	L	K	L	K	Z	B	S	Y	B	U	R	B
L	O	X	O	K	J	E	R	O	E	K	L	T	A	U
A	I	W	D	L	B	A	N	J	O	Q	A	A	L	R
V	V	Č	N	A	X	F	M	S	S	H	R	S	J	A
I	H	E	A	R	O	A	R	N	C	K	A	O	K	Q
R	Q	L	M	I	R	G	K	F	O	N	T	U	E	R
A	F	O	P	N	C	O	U	B	O	P	I	T	N	O
Q	V	Y	Z	E	R	T	B	N	Z	Y	G	F	M	O
E	U	B	X	T	T	R	O	M	B	O	N	A	R	D

BANJO
FAGOT
KLARINET
FLAUTA
GONG
GITARA
HARMONIKA
HARP
OBOE
MANDOLINA

MARIMBA
UDARALJKE
KLAVIR
SAKSOFON
BUBANJ
TAMBURA
TROMBON
TRUBA
VIOLINU
ČELO

6 - Herboristerie

Đ	S	U	K	U	Z	E	L	E	N	O	Č	P	K	H
V	A	M	A	R	J	O	R	A	M	W	E	B	U	B
X	S	I	L	N	O	P	R	H	F	B	Š	Q	L	N
D	T	E	T	I	L	A	V	K	L	N	N	C	I	S
H	O	N	C	I	T	A	M	O	R	A	J	M	N	S
D	J	U	X	M	I	Q	Y	T	V	R	A	I	A	Đ
P	A	Š	H	Q	E	B	R	W	D	F	K	M	R	V
F	K	R	N	N	S	O	A	P	U	A	C	E	S	T
B	Č	E	J	X	T	I	M	S	H	Š	O	N	K	C
T	A	P	T	A	R	T	E	J	I	V	C	T	I	Y
L	R	Š	W	U	A	G	S	A	B	L	T	A	K	N
Z	O	J	T	Đ	G	G	O	V	Z	L	E	W	G	K
Z	M	Q	U	A	O	Đ	R	L	A	V	A	N	D	A
W	O	Đ	N	O	N	S	I	R	O	K	W	P	Đ	P
C	K	O	H	I	S	T	I	M	I	J	A	N	Y	L

ČEŠNJAK
AROMATICNO
BASILE
KORISNO
KULINARSKI
ESTRAGON
KOMORAČ
CVIJET
SASTOJAK
BAŠTA
LAVANDA
MARJORAM
MENTA
PERŠUN
KVALITET
ROSEMARY
ŠAFRAN
UKUS
TIMIJAN
ZELENO

7 - Photographie

S	Q	B	X	C	Q	P	O	K	W	X	G	Đ	J	J
P	A	E	X	I	U	T	M	O	Z	I	Q	M	V	Y
D	X	S	X	J	C	A	E	N	N	R	S	K	D	N
R	E	H	T	V	C	M	K	T	F	S	J	C	A	I
A	G	F	U	A	P	A	Š	R	T	K	E	J	B	O
S	I	V	I	C	V	J	A	A	A	E	N	H	Ž	X
V	Z	G	V	N	G	O	T	S	M	A	E	C	O	S
J	V	C	D	Q	I	B	I	T	R	Y	L	R	L	L
E	U	B	B	N	O	C	U	V	O	I	F	N	Z	S
T	Y	W	R	L	P	Q	I	K	F	D	V	A	I	K
A	P	O	R	T	R	E	T	J	V	E	F	K	Y	A
T	E	K	S	T	U	R	A	F	A	H	Y	T	O	M
V	Z	A	Q	Q	S	P	R	E	D	M	E	T	X	E
B	K	A	P	E	R	S	P	E	K	T	I	V	A	R
H	L	V	I	Z	U	E	L	N	I	Q	L	W	B	A

OMEKŠATI
OKVIR
KAMERA
SASTAV
KONTRAST
BOJA
DEFINICIJA
IZLOŽBA
RASVJETA
FORMAT
CRNA
OBJEKT
TAMA
SJENE
PERSPEKTIVA
PORTRET
PREDMET
TEKSTURA
VIZUELNI

8 - Véhicules

P	E	P	Đ	V	U	B	L	T	A	Š	D	S	H	M
O	N	O	I	V	A	I	H	A	A	Y	M	S	E	O
D	A	D	O	A	Y	C	F	O	E	K	Đ	E	L	T
Z	V	M	G	L	Đ	I	W	B	O	Z	S	Q	I	O
E	A	O	I	P	T	K	E	J	A	R	T	I	K	R
M	R	R	R	S	W	L	R	A	K	E	T	A	O	I
N	A	N	O	I	M	A	K	N	Y	H	F	X	P	R
A	K	I	T	Y	X	D	O	T	U	A	I	W	T	M
S	A	C	K	J	Q	J	P	I	G	F	R	D	E	F
U	K	A	A	D	U	S	F	H	P	A	R	C	R	S
B	E	U	R	C	P	L	W	Z	K	X	X	J	M	I
O	L	U	T	G	G	J	V	X	J	Y	Y	M	D	I
T	J	V	I	E	J	U	O	A	Y	L	X	Y	P	Z
U	F	Đ	I	Đ	R	M	M	F	H	X	R	B	V	Q
A	U	O	V	K	Q	Đ	R	E	V	T	O	T	U	R

HITNA
AVION
BOAT
AUTOBUS
KAMION
KARAVAN
TRAJEKT
RAKETA
HELIKOPTER
PODZEMNA
MOTOR
ŠATL
GUME
SPLAV
SKUTER
PODMORNICA
TAKSI
TRAKTOR
BICIKL
AUTO

9 - Camping

U	K	H	S	Q	T	T	J	E	B	A	P	A	M	K
B	L	D	S	Q	F	U	K	C	I	D	J	S	J	C
V	O	V	K	M	B	Ž	O	A	Z	O	K	P	E	Y
N	V	P	C	M	A	E	Đ	R	B	R	G	M	Z	P
Ž	I	V	O	T	I	N	J	E	L	I	F	E	E	G
K	F	D	M	M	K	I	I	J	B	R	N	W	R	F
H	R	C	M	Š	U	M	A	N	S	P	R	A	O	Z
Y	E	D	A	H	N	G	K	E	A	K	G	R	P	F
O	C	F	H	U	A	M	S	F	J	L	X	U	P	Š
M	F	D	Z	E	K	Q	Z	T	I	Š	P	T	A	A
Đ	J	K	O	M	P	A	S	O	N	E	F	N	L	T
T	W	E	O	P	R	E	M	A	S	Š	B	A	I	O
K	L	T	S	J	Y	C	X	W	E	I	B	V	A	R
T	P	U	W	E	M	Đ	V	R	K	R	Z	A	X	W
B	U	A	R	Z	C	O	U	F	T	C	R	Z	Z	I

ŽIVOTINJE
AVANTURA
KOMPAS
KABINA
KANU
MAPA
ŠEŠIR
LOV
UŽE
OPREMA
PALI!
ŠUMA
HAMMOCK
INSEKT
JEZERO
FENJER
MJESEC
PLANINA
PRIRODA
ŠATOR

10 - Écologie

O	D	R	Ž	I	V	O	A	U	J	R	U	O	R	R
Y	I	R	E	T	N	O	L	O	V	E	G	P	J	A
A	J	I	C	A	T	E	G	E	V	S	L	S	R	Z
M	A	R	I	N	E	F	M	B	T	U	O	T	B	N
K	M	V	N	H	G	A	A	L	T	R	B	A	Z	O
X	I	O	D	S	B	V	R	U	M	S	A	N	U	L
O	L	P	E	S	K	P	O	E	N	I	L	A	N	I
X	K	F	J	S	U	F	L	A	Q	A	N	K	Q	K
P	X	Q	A	R	T	W	F	Z	J	Đ	O	I	D	O
R	R	N	Z	Y	Z	A	T	S	R	V	L	C	B	S
P	W	I	E	K	N	E	N	I	N	A	L	P	I	T
N	A	K	R	Z	D	T	Y	I	O	K	Q	P	L	Z
I	O	N	D	O	R	I	R	P	Š	Z	Q	O	J	Y
M	A	R	S	H	D	D	U	Đ	H	T	I	G	K	Y
Y	S	U	Š	A	Z	A	X	U	I	M	E	C	E	N

VOLONTERI
KLIMA
ZAJEDNICE
RAZNOLIKOST
ODRŽIVO
VRSTA
FAUNA
FLORA
GLOBALNO
STANIŠTE
MARSH
MARINE
PLANINE
PRIRODA
PRIRODNO
BILJKE
RESURSI
SUŠA
OPSTANAK
VEGETACIJA

11 - Géométrie

D	N	P	Z	Y	K	J	M	L	L	H	Z	P	V	D
K	M	A	L	S	L	T	B	A	A	G	G	R	E	I
J	F	R	I	E	T	V	E	N	S	S	S	O	R	M
N	G	A	S	G	W	O	G	I	A	S	I	P	T	E
I	T	L	H	M	P	I	O	Č	J	P	M	O	I	N
C	D	E	R	E	T	E	M	A	I	D	E	R	K	Z
N	G	L	D	N	K	H	V	N	R	P	T	C	A	I
E	P	N	B	T	I	H	Q	D	O	O	R	I	L	J
U	S	O	Z	B	G	I	M	E	E	V	I	J	N	A
G	U	R	K	R	R	C	O	J	T	R	J	A	O	Đ
A	K	I	G	O	L	O	O	X	O	Š	A	E	V	E
O	A	G	U	O	R	T	J	C	H	I	E	C	O	W
K	R	I	V	I	N	A	F	E	A	N	I	S	I	V
M	E	D	I	J	A	N	L	P	I	A	D	I	D	S
I	Z	R	A	Č	U	N	F	F	Z	G	W	B	V	O

UGAO
IZRAČUN
KRUG
KRIVINA
DIAMETER
DIMENZIJA
JEDNAČINA
VISINA
LOGIKA
MASS
MEDIJAN
BROJ
PARALELNO
PROPORCIJA
SEGMENT
POVRŠINA
SIMETRIJA
TEORIJA
TROUGAO
VERTIKALNO

12 - Les Médias

D	T	T	M	M	H	R	S	U	T	Z	J	A	Č	O
I	Č	D	B	I	I	A	H	L	D	A	W	U	I	B
G	A	H	G	Š	O	D	I	X	I	B	J	P	N	R
I	S	W	Z	L	P	I	F	U	Z	K	V	V	J	A
T	O	I	G	J	X	O	N	G	V	Q	E	I	E	Z
A	P	V	V	E	J	N	A	D	Z	I	P	L	N	O
L	I	O	V	N	J	A	V	N	O	Đ	H	F	I	V
N	S	V	A	J	I	R	T	S	U	D	N	I	C	A
O	I	A	U	E	G	H	O	B	P	B	X	V	E	N
I	N	T	E	L	E	K	T	U	A	L	N	O	Z	J
M	Y	S	R	N	N	W	G	V	H	P	N	R	Q	E
R	I	H	A	J	I	C	A	K	I	N	U	M	O	K
E	C	O	Z	H	L	V	L	O	K	A	L	N	I	Z
Ž	K	C	R	J	N	Z	O	B	I	W	D	Đ	J	Đ
A	W	B	F	C	O	D	D	N	H	I	L	A	G	V

STAVOVI
KOMUNIKACIJA
ONLINE
IZDANJE
OBRAZOVANJE
ČINJENICE
INDUSTRIJA
INTELEKTUALNO
NOVINE
LOKALNI
ČASOPISI
DIGITALNO
MIŠLJENJE
SLIKE
JAVNO
RADIO
MREŽA

13 - Philanthropie

C	S	F	L	J	U	D	I	U	U	E	Đ	K	Č	U
T	I	P	I	T	K	A	T	N	O	K	H	M	O	O
V	B	L	R	N	Q	S	T	D	C	Q	G	G	V	Y
E	T	Đ	J	O	A	C	E	J	D	V	L	I	J	G
L	U	O	K	E	G	N	C	W	Z	T	S	S	E	R
I	K	A	K	P	V	R	S	G	B	S	R	T	Č	U
K	T	W	N	U	A	I	A	I	R	O	E	O	N	L
O	Y	T	I	R	A	H	C	M	J	N	D	R	O	M
D	C	T	J	G	O	M	R	C	I	E	S	I	S	I
U	R	S	I	Z	A	Z	O	V	I	R	T	J	T	S
Š	A	O	N	L	A	B	O	L	G	K	V	A	J	I
N	D	D	O	N	H	Z	X	M	R	S	A	J	A	J
O	Z	A	J	E	D	N	I	C	A	I	K	X	V	A
S	E	L	H	V	X	S	A	I	N	P	L	C	N	F
T	K	M	L	G	H	N	R	Đ	U	A	E	Z	O	F

CILJEVI
CHARITY
ZAJEDNICA
KONTAKTI
IZAZOVI
DJECA
FINANSIJE
SREDSTVA
LJUDI
VELIKODUŠNOST
GLOBALNO
GRUPE
ISTORIJA
ISKRENOST
ČOVJEČNOST
MLADOST
MISIJA
PROGRAMI
JAVNO

14 - Diplomatie

S	T	E	T	I	R	G	E	T	N	I	Đ	S	D	H
E	A	T	T	S	O	N	R	U	G	I	S	T	I	U
J	T	R	I	N	F	I	E	A	E	Z	T	R	S	M
N	I	I	A	A	G	B	U	V	Đ	C	U	A	K	A
E	K	A	K	D	C	Z	P	A	S	A	A	N	U	N
Š	S	J	M	A	N	R	F	Z	E	A	N	I	S	I
E	T	I	O	K	K	J	F	V	Đ	M	M	I	I	T
J	A	C	Q	I	D	O	A	L	F	B	F	K	J	A
R	M	U	E	N	K	P	T	A	T	A	Đ	Y	A	R
P	O	L	I	T	I	K	A	D	E	S	C	P	E	A
I	L	O	D	E	R	O	D	A	S	A	B	M	A	C
B	P	Z	S	J	Đ	G	V	T	W	D	O	W	A	G
Q	I	E	O	V	E	J	A	T	M	E	K	G	Đ	X
I	D	R	X	A	D	K	R	M	U	N	U	Đ	R	Z
N	D	I	H	S	X	Q	P	P	A	K	S	T	V	W

AMBASADE
AMBASADOR
GRAĐANI
SUKOB
SAVJETNIK
SARADNJA
DIPLOMATSKI
DISKUSIJA
ETIKA
STRANI
VLADA
HUMANITARAC
INTEGRITET
PRAVDA
POLITIKA
REZOLUCIJA
SIGURNOST
RJEŠENJE

15 - Électricité

K	Z	E	T	Š	I	D	A	L	K	S	J	Q	H	Q
T	O	E	H	U	X	O	D	P	A	M	E	R	P	O
E	L	L	W	I	R	C	U	O	B	V	Z	O	A	Y
L	A	M	I	S	O	O	V	Z	L	F	Q	D	Q	G
E	M	R	T	Č	R	A	Č	I	R	T	K	E	L	E
F	P	E	K	S	I	B	E	T	O	E	T	Y	N	E
O	A	Ž	E	N	M	N	I	I	T	N	S	R	W	L
N	C	A	J	Đ	G	Y	A	V	A	L	S	A	I	E
P	I	G	B	Q	Y	E	V	N	R	X	O	J	L	K
M	L	E	O	O	N	D	G	O	E	M	C	I	Z	T
A	A	N	E	G	A	T	I	V	N	O	K	R	U	R
M	J	G	Ž	I	C	E	X	I	E	P	E	E	K	I
Z	I	B	N	E	Y	R	A	U	G	K	T	T	R	Č
G	S	R	U	E	B	G	I	A	D	C	R	A	Z	N
G	U	A	E	F	T	W	D	P	V	B	U	B	D	I

MAGNET
SIJALICA
BATERIJA
KABL
ELEKTRIČAR
ELEKTRIČNI
OPREMA
ŽICE
GENERATOR
LAMPA
LASER
NEGATIVNO
OBJEKTI
POZITIVNO
SOCKET
KOLIČINA
MREŽA
SKLADIŠTE
TELEFON

16 - Astronomie

S	O	L	A	R	N	O	B	N	W	P	Z	N	X	E
M	J	E	S	E	C	A	S	T	R	O	N	O	M	Q
U	W	A	M	S	A	Z	V	I	J	E	Ž	Đ	E	U
O	P	S	E	R	V	A	T	O	R	I	J	A	T	I
D	X	P	M	N	U	Q	J	J	G	Q	T	S	U	N
X	O	I	A	T	E	N	A	L	P	U	W	T	A	O
L	G	L	Y	M	W	B	P	Q	M	W	J	E	N	X
M	Y	K	K	G	X	R	O	E	T	E	M	R	O	Đ
P	W	E	S	V	E	M	I	R	Đ	K	Z	O	R	C
Z	R	A	Č	E	N	J	E	R	X	Y	X	I	T	U
Z	C	O	S	M	O	S	O	B	A	K	P	D	S	B
R	Z	X	R	S	H	A	J	I	S	K	A	L	A	G
U	Đ	I	S	Y	Z	M	U	J	G	R	E	Z	F	G
O	A	V	N	E	B	U	L	A	Y	Đ	F	T	U	N
S	U	P	E	R	N	O	V	A	W	B	C	Đ	A	E

ASTEROID
ASTRONAUT
ASTRONOM
NEBO
SAZVIJEŽĐE
COSMOS
EKLIPSA
EQUINOX
RAKETA
GALAKSIJA
MJESEC
METEOR
NEBULA
OPSERVATORIJ
PLANETA
ZRAČENJE
SOLARNO
SUPERNOVA
ZEMLJA
SVEMIR

17 - Physique

Č	G	U	F	N	G	G	K	B	R	Z	I	N	A	S
E	R	N	O	O	U	M	J	B	Q	M	I	W	W	V
S	A	I	R	T	S	A	G	V	J	H	K	Q	J	M
T	V	V	M	D	T	S	O	L	A	T	S	E	Č	U
I	I	E	U	N	I	M	Đ	K	E	V	J	J	P	J
C	T	R	L	I	N	M	O	D	V	U	I	N	Q	L
A	A	Z	A	N	A	L	O	T	Q	R	M	A	A	R
P	C	A	M	R	S	O	C	L	O	F	E	Z	P	E
N	I	L	A	A	H	A	O	S	E	R	H	R	D	L
T	J	N	S	E	T	M	A	T	A	K	Z	B	I	E
G	A	I	S	L	G	O	Q	D	A	W	U	U	K	K
X	Q	W	W	K	F	Y	M	S	G	I	H	L	J	T
P	G	I	T	U	M	E	H	A	N	I	K	A	A	R
X	T	S	O	N	V	I	T	A	L	E	R	L	L	O
M	A	G	N	E	T	I	Z	A	M	Y	D	K	K	N

UBRZANJE
ATOM
HAOS
HEMIJSKI
GUSTINA
ELEKTRON
FORMULA
UČESTALOST
GAS
GRAVITACIJA
MAGNETIZAM
MASS
MEHANIKA
MOLEKULA
MOTOR
NUKLEARNI
ČESTICA
RELATIVNOST
UNIVERZALNI
BRZINA

18 - Types de Cheveux

D	B	T	M	V	F	O	G	Z	H	F	M	D	C	Đ
C	O	A	V	I	S	A	Q	B	D	W	A	O	R	C
N	H	N	Q	R	W	B	L	Y	L	R	U	C	N	J
S	U	A	E	Č	R	V	O	K	M	R	A	L	A	S
J	S	K	U	J	K	R	A	T	K	O	P	V	B	Z
P	L	A	V	A	O	H	B	B	E	L	A	A	Y	X
R	U	E	Z	B	D	B	M	E	K	O	N	L	P	D
B	R	A	I	D	E	D	O	X	U	D	Z	E	J	J
D	N	Z	B	V	C	M	J	S	H	E	E	Ć	Z	V
B	R	O	W	N	U	J	T	T	E	P	W	B	W	P
X	P	A	C	O	X	B	E	Đ	H	Q	N	U	E	P
A	V	J	T	U	X	R	F	A	K	B	L	X	U	O
Y	N	V	B	G	R	S	I	B	P	B	R	Y	W	G
P	L	E	T	E	N	I	C	E	Y	F	Z	X	A	U
K	T	X	A	S	N	Y	Q	O	M	Q	O	F	A	D

BELA
PLAVA
KOVRČE
ĆELAV
OBOJENO
KRATKO
MEKO
DEBEO
CURLY
SIVA
DUGO
BROWN
TANAK
CRNA
ZDRAV
SUHO
PLETENICE
BRAIDED

19 - Archéologie

G	R	O	B	N	I	C	A	Q	N	L	I	R	I	P
O	B	J	E	K	T	I	V	S	N	G	E	E	S	K
E	R	A	L	Y	P	B	V	B	A	T	P	L	T	J
A	L	K	S	T	R	U	Č	N	J	A	K	I	R	T
Z	N	B	O	M	V	K	Z	T	I	N	P	K	A	K
S	T	T	D	S	Z	X	X	U	R	Z	R	V	Ž	P
F	G	U	I	L	T	F	L	L	E	O	O	I	I	R
O	U	O	W	K	Z	I	O	T	T	P	F	J	V	O
X	Q	R	K	R	A	I	I	S	S	E	E	A	A	C
T	A	N	A	L	I	Z	A	E	I	N	S	D	Č	J
I	T	N	E	M	G	A	R	F	M	L	O	R	U	E
M	N	Q	M	A	F	V	I	P	P	P	R	E	K	N
Đ	J	X	E	R	P	O	T	O	M	A	K	V	X	A
D	Đ	Q	B	H	S	Đ	T	M	L	R	V	N	T	Y
C	I	V	I	L	I	Z	A	C	I	J	A	I	K	M

ANALIZA
DREVNI
ANTIKA
ISTRAŽIVAČ
CIVILIZACIJA
POTOMAK
STRUČNJAK
ERA
TIM
PROCJENA
FOSIL
FRAGMENTI
NEPOZNAT
MISTERIJA
OBJEKTI
KOSTI
PROFESOR
RELIKVIJA
HRAM
GROBNICA

20 - Mammifères

Đ	U	T	Z	O	B	C	J	Z	O	V	U	J	D	L
B	V	K	B	R	C	E	Z	Y	W	N	U	X	E	I
I	U	O	Y	T	Y	S	A	P	L	Y	R	H	L	S
K	K	N	V	W	Q	F	L	R	A	G	I	T	F	I
N	B	J	T	Z	A	E	E	O	V	R	Đ	D	I	C
L	P	S	D	I	K	I	T	S	N	H	Y	S	N	A
W	W	A	Q	D	Č	W	W	V	K	H	F	H	U	R
K	K	X	E	W	A	G	O	R	I	L	A	Ž	M	B
A	E	B	L	Đ	M	K	O	J	O	T	I	I	J	E
Đ	C	N	Z	Đ	Z	T	G	B	P	H	B	R	A	Z
U	V	Đ	G	Đ	A	I	U	O	Y	S	F	A	M	S
J	O	G	N	U	Q	Z	R	W	Đ	T	D	F	O	X
I	Đ	P	T	E	R	U	N	O	C	S	N	A	K	W
I	X	M	V	C	D	O	N	W	Z	Y	D	L	G	O
H	J	U	Y	R	X	C	I	C	B	H	N	T	E	Z

KIT
MAČKA
KONJ
PAS
KOJOT
DELFIN
SLON
ŽIRAFA
GORILA
KENGUR

ZEC
LAV
VUK
OVCE
BEAR
LISICA
MAJMUN
BIK
TIGAR
ZEBRA

21 - Chocolat

L	C	L	D	I	D	G	B	U	K	J	O	T	F	A
E	J	I	R	O	L	A	K	K	A	R	O	G	A	N
M	G	A	X	B	W	Đ	X	U	Y	Y	A	B	V	T
A	D	Z	A	R	O	M	A	S	E	Q	C	P	O	I
R	M	Š	O	K	T	A	L	S	A	I	A	W	R	O
A	V	E	N	T	Š	Q	E	V	C	A	C	L	I	K
K	R	Ć	S	P	I	E	A	C	R	B	A	J	T	S
S	Đ	E	U	E	K	Č	J	T	K	Q	H	F	U	I
J	A	R	K	C	T	X	N	A	A	D	Z	P	B	D
P	C	S	U	E	A	D	D	O	K	O	K	O	S	A
E	H	Đ	T	R	L	E	U	H	X	O	Đ	A	E	N
J	V	E	M	O	S	L	Ž	S	L	Đ	S	M	O	T
E	N	D	A	E	J	V	K	V	A	L	I	T	E	T
T	L	N	C	T	Q	A	F	T	S	Z	E	M	T	H
W	F	V	Q	H	B	I	K	I	R	I	K	I	K	D

GORAK
ANTIOKSIDANT
AROMA
SLATKIŠ
KIKIRIKI
CACAO
KALORIJE
KARAMEL
UKUSNO
SLATKO
ŽUDNJA
EGZOTIČNO
FAVORIT
UKUS
SASTOJAK
KOKOS
KVALITET
RECEPT
ŠEĆER

22 - Mathématiques

O	U	G	V	D	P	Y	Đ	Y	M	R	M	D	E	V
A	K	I	T	E	M	T	I	R	A	S	A	I	X	O
S	F	S	Z	C	O	N	L	E	L	A	R	A	P	L
O	U	A	J	I	R	T	E	M	O	E	G	M	O	U
T	B	M	X	M	Q	G	T	R	G	Z	O	E	N	M
V	N	I	A	A	W	U	L	A	K	J	L	T	E	E
N	Đ	Q	M	L	Q	A	H	V	R	E	E	E	N	E
Z	N	S	C	N	Đ	S	S	C	U	D	L	R	T	B
G	P	V	A	I	F	J	U	I	G	N	A	R	U	T
S	I	M	E	T	R	I	J	A	L	A	R	V	B	R
P	O	L	I	G	O	N	I	I	O	Č	A	L	K	O
B	R	O	J	E	V	I	D	T	V	I	P	J	C	U
P	E	R	I	M	E	T	A	R	I	N	L	W	C	G
F	Q	P	J	O	Đ	T	R	A	B	A	H	D	W	A
E	P	R	A	V	O	U	G	A	O	N	I	K	M	O

UGLOVI
ARITMETIKA
KVADRAT
OBIM
DECIMALNI
DIAMETER
EXPONENT
JEDNAČINA
GEOMETRIJA
BROJEVI
PARALELNO
PARALELOGRAM
PERIMETAR
POLIGON
RADIJUS
PRAVOUGAONIK
SUMA
SIMETRIJA
TROUGAO
VOLUME

23 - Mythologie

I	L	K	A	T	A	S	T	R	O	F	A	R	R	A
S	T	V	O	R	E	N	J	E	S	B	J	H	A	D
H	T	V	Q	F	I	Z	Q	F	X	A	E	L	T	N
S	F	F	S	A	B	G	E	C	D	Y	K	N	N	E
T	N	I	R	I	B	A	L	L	J	N	C	C	I	G
S	R	P	Č	U	D	O	V	I	Š	T	E	A	K	E
O	K	I	Q	I	J	A	R	O	M	O	B	U	J	L
N	U	T	J	W	T	Q	R	E	K	A	N	U	J	K
T	L	E	Z	U	L	R	F	Đ	D	J	L	J	L	D
R	T	H	A	Z	M	S	M	R	T	N	I	K	Y	L
M	U	R	W	U	X	F	Q	K	O	U	U	I	E	S
S	R	A	X	F	V	U	A	Q	Y	M	I	H	E	B
E	A	T	E	V	S	O	H	T	G	N	E	R	T	S
B	S	T	V	A	R	A	N	J	E	F	Đ	X	K	T
P	O	N	A	Š	A	N	J	E	T	T	C	M	G	Q

ARHETIP
KATASTROFA
NEBO
PONAŠANJE
STVARANJE
STVORENJE
KULTURA
MUNJA
STRENGTH
RATNIK
JUNAK
BESMRTNOST
LJUBOMORA
LABIRINT
LEGENDA
ČUDOVIŠTE
SMRTNIK
THUNDER
TRIJUMFA
OSVETA

24 - Couleurs

C	K	Đ	M	Z	B	S	I	V	A	H	L	F	N	N
R	H	V	A	R	E	R	U	Z	A	Ž	V	O	A	M
N	M	B	G	Y	Z	K	O	N	E	L	E	Z	R	Đ
A	I	P	E	S	O	X	T	W	V	L	J	B	A	J
J	P	X	N	S	R	T	Đ	M	N	A	Y	C	N	X
I	L	L	T	B	E	L	A	U	N	X	O	S	D	J
S	A	C	A	P	U	R	P	U	R	N	O	C	Ž	B
K	V	P	G	M	X	C	A	Z	X	K	Z	Y	A	D
U	A	A	K	X	P	L	R	Z	K	W	S	G	S	S
F	I	N	D	I	G	O	E	V	N	Y	Z	K	T	R
K	S	E	S	I	R	D	L	N	E	E	J	J	O	M
A	J	J	O	Z	B	O	G	F	C	N	R	Q	L	Q
T	V	Ž	U	T	O	I	T	L	E	L	Q	N	J	J
Đ	F	N	C	P	A	U	R	X	B	W	A	Q	P	Đ
C	C	P	E	T	M	B	R	G	R	T	R	Y	Q	H

AZURE
BEŽ
BELA
PLAVA
CYAN
FUKSIJA
SIVA
INDIGO
ŽUTO
MAGENTA
BROWN
CRNA
NARANDŽASTO
ROZE
CRVEN
SEPIA
ZELENO
PURPURNO

25 - Beauté

C	M	G	K	F	O	T	O	G	E	N	I	Č	N	O
O	S	K	V	O	D	G	K	D	H	G	T	L	D	Z
H	X	M	E	Đ	V	D	Đ	C	E	E	U	F	P	P
A	X	W	J	B	E	R	R	Y	J	L	Q	L	U	Y
W	I	Q	Q	H	W	P	Č	L	A	E	V	K	S	Z
M	A	K	A	Z	E	Đ	Z	E	E	G	M	O	O	U
R	A	Š	A	M	P	O	N	J	L	A	I	Z	G	P
A	U	T	J	R	C	C	G	F	E	N	R	M	L	R
Š	W	Ž	L	B	O	J	A	M	G	T	I	E	E	O
D	U	O	U	S	Š	V	U	A	A	A	S	T	D	I
K	O	Ž	A	I	M	W	T	S	N	N	C	I	A	Z
S	T	S	I	L	I	T	S	K	C	E	G	K	L	V
G	R	A	C	E	N	C	H	A	I	Đ	K	A	O	O
U	M	W	M	Y	K	E	X	R	J	X	L	K	M	D
Z	G	V	K	V	A	A	R	A	A	M	H	E	U	I

KOVRČE
ŠARM
MAKAZE
KOZMETIKA
BOJA
ELEGANCIJA
ELEGANTAN
GRACE
ULJA
ŠMINKA
MASKARA
OGLEDALO
MIRIS
KOŽA
FOTOGENIČNO
PROIZVODI
RUŽ
USLUGE
ŠAMPON
STILIST

26 - Avions

Y	A	V	P	M	F	A	A	J	N	D	A	R	G	V
B	T	I	X	O	B	E	N	V	Z	G	A	F	I	V
P	M	S	R	T	W	D	H	I	A	N	I	Z	B	O
U	O	I	T	O	L	I	P	S	F	N	Z	O	U	D
T	S	N	V	R	K	Z	Z	T	Y	N	T	F	A	I
N	F	A	P	P	H	A	R	O	W	W	Q	U	I	K
I	E	Đ	R	R	P	J	A	R	Q	N	O	U	R	V
K	R	M	N	W	A	N	K	I	A	K	E	L	E	A
B	A	Đ	T	B	Z	V	E	J	N	A	T	E	L	S
Y	A	B	G	D	Z	Q	A	A	M	P	S	P	E	E
O	S	L	W	M	R	X	P	C	W	I	M	O	P	M
K	P	X	O	V	I	R	O	G	J	P	K	S	O	C
H	I	T	S	N	D	E	S	C	E	N	T	A	R	V
T	U	R	B	U	L	E	N	C	I	J	A	D	P	P
X	J	M	F	Y	A	Y	Y	R	D	K	X	A	Q	F

ZRAK
ATMOSFERA
SLETANJE
AVANTURA
BALON
GORIVO
NEBO
GRADNJA
DESCENT
DIZAJN
PRAVAC
POSADA
VISINA
PROPELERI
ISTORIJA
VODIK
MOTOR
PUTNIK
PILOT
TURBULENCIJA

27 - Aventure

D	C	G	Z	H	I	I	Z	L	E	T	Z	E	N	S
T	I	M	T	F	V	T	E	C	W	O	C	N	A	N
H	J	A	A	D	O	R	I	R	P	I	S	M	V	E
A	R	Z	I	U	Z	U	F	N	P	L	H	T	I	O
K	P	A	F	Y	A	T	O	P	E	J	L	S	G	B
T	R	J	B	F	Z	N	E	Y	H	R	Z	O	A	I
I	I	I	H	R	I	Y	T	C	Đ	T	A	N	C	Č
V	P	Z	O	Y	O	N	S	A	P	O	J	R	I	N
N	R	U	O	E	Đ	S	C	B	Q	V	O	U	J	O
O	E	T	Q	R	U	Q	T	Y	N	T	I	G	A	Đ
S	M	N	T	S	O	D	A	R	L	O	R	I	O	J
T	A	E	Z	A	K	I	L	I	R	P	V	S	Q	X
K	A	S	N	A	Š	D	K	P	M	M	P	O	N	Y
C	N	J	Đ	U	E	T	Š	I	D	E	R	D	O	X
P	R	I	J	A	T	E	L	J	I	I	Đ	L	X	Z

AKTIVNOST
PRIJATELJI
LJEPOTA
HRABROST
ŠANSA
OPASNO
ODREDIŠTE
IZAZOVI
TEŠKO
ENTUZIJAZAM
IZLET
NEOBIČNO
ITINERAR
RADOST
PRIRODA
NAVIGACIJA
NOVO
PRILIKA
PRIPREMA
SIGURNOST

28 - Ville

T	A	K	N	A	B	S	K	P	L	Q	N	K	W	H
R	R	P	H	O	T	E	L	D	M	V	A	H	L	N
Ž	A	P	O	K	S	O	I	B	H	J	Z	O	O	X
I	Ž	A	H	T	E	K	R	A	M	R	E	P	U	S
Š	I	G	E	J	E	Z	U	M	H	K	F	S	V	V
T	J	Š	A	R	A	K	E	P	A	Đ	G	C	X	U
E	N	K	B	L	O	Y	A	K	L	I	N	I	K	A
Z	K	O	C	B	E	D	S	T	A	D	I	O	N	C
N	T	L	Y	P	H	R	R	C	J	B	Y	D	A	V
Z	R	A	Đ	S	W	C	I	O	J	Y	O	R	R	J
K	R	W	N	I	N	Q	H	J	M	F	G	I	O	E
P	O	Z	O	R	I	Š	T	E	A	S	H	G	T	Ć
B	I	B	L	I	O	T	E	K	A	B	M	T	S	A
J	A	O	O	D	S	J	L	L	F	Z	I	W	E	R
U	N	I	V	E	R	Z	I	T	E	T	I	A	R	O

AERODROM
BANKA
BIBLIOTEKA
PEKARA
BIOSKOP
KLINIKA
ŠKOLA
CVJEĆAR
GALERIJA
HOTEL
KNJIŽARA
TRŽIŠTE
MUZEJ
APOTEKA
RESTORAN
STADION
SUPERMARKET
POZORIŠTE
UNIVERZITET
ZOO

29 - Ingénierie

M	J	E	D	U	B	I	N	A	S	L	U	L	Đ	E
Q	O	T	Y	R	I	E	N	A	N	I	Š	A	M	W
D	Đ	T	L	P	O	H	U	B	O	Q	L	G	L	N
B	I	N	O	X	P	T	Č	D	G	U	N	R	X	M
J	X	A	V	R	X	F	A	S	O	I	R	A	R	Q
Q	J	S	M	H	T	D	R	C	P	D	P	J	K	N
S	O	C	M	E	A	H	Z	I	I	E	O	I	Y	T
A	F	N	V	S	T	G	I	V	B	J	U	G	A	O
J	F	H	T	G	N	E	R	T	S	N	A	R	Z	F
N	Q	Y	X	E	R	G	R	B	N	E	S	E	J	Z
D	I	J	A	G	R	A	M	E	B	R	S	N	L	X
A	I	V	A	U	J	N	K	D	W	E	M	E	F	H
R	C	V	F	L	E	Z	I	D	G	M	L	K	W	R
G	N	R	M	O	S	T	A	B	I	L	N	O	S	T
R	D	J	L	P	S	T	R	U	K	T	U	R	A	W

UGAO
OSA
IZRAČUN
GRADNJA
DIJAGRAM
DIAMETER
DIZEL
ENERGIJA
STRENGTH
POLUGE
LIQUID
MAŠINA
MERENJE
MOTOR
DUBINA
POGON
ROTACIJA
STABILNOST
STRUKTURA

30 - Énergie

G	N	N	Q	G	E	W	Z	M	B	E	N	Z	I	N
E	O	O	Z	D	V	N	A	X	O	Y	O	T	V	L
P	R	R	A	N	Z	I	T	X	Y	T	T	J	J	E
P	T	K	I	J	L	G	U	R	D	U	O	V	E	N
T	K	C	P	V	H	I	H	L	O	E	F	R	T	V
L	E	H	V	D	O	V	Đ	L	Y	P	E	L	A	O
N	L	K	A	E	H	R	D	L	T	M	I	L	R	D
I	E	E	Z	A	G	A	Đ	E	N	J	E	J	C	I
S	U	N	C	E	C	T	M	Z	G	P	U	V	A	K
H	M	A	Đ	Z	I	N	Č	I	R	T	K	E	L	E
T	U	R	B	I	N	A	E	D	P	J	H	X	Đ	G
Đ	N	U	K	L	E	A	R	N	I	N	E	T	V	G
O	K	R	U	Ž	E	N	J	E	A	Q	K	K	J	Q
M	B	A	T	E	R	I	J	A	T	O	L	P	O	T
I	N	D	U	S	T	R	I	J	A	K	Q	P	G	W

BATERIJA
UGLJIK
GORIVO
TOPLOTA
DIZEL
ENTROPIJA
OKRUŽENJE
BENZIN
ELEKTRIČNI
ELEKTRON
VODIK
INDUSTRIJA
MOTOR
NUKLEARNI
FOTON
ZAGAĐENJE
SUNCE
TURBINA
VJETAR

31 - Cuisine

Z	A	M	R	Z	I	V	A	Č	Č	Y	K	C	T	A
T	R	O	G	R	M	A	Đ	G	A	U	E	N	F	K
T	V	O	S	J	W	L	Z	J	J	P	C	N	U	F
F	O	U	Š	A	Q	U	Y	Z	N	H	E	M	R	R
K	B	H	C	T	L	W	O	B	I	V	L	A	E	I
S	U	Đ	L	A	I	V	E	Y	K	R	J	E	C	Ž
M	L	M	S	J	P	L	E	J	U	G	A	R	E	I
R	D	C	E	L	E	R	J	T	D	M	R	K	P	D
H	R	A	N	A	C	S	N	T	A	Y	Y	S	T	E
G	E	M	R	S	N	U	O	K	A	Š	I	K	E	R
C	S	W	L	C	I	N	Ž	N	N	W	N	R	J	W
V	F	T	B	O	C	Đ	E	P	X	F	I	O	L	W
Q	P	G	U	B	A	E	V	J	P	Z	Č	F	O	Z
Đ	B	Q	H	A	Q	R	I	V	A	A	A	E	Š	V
L	A	D	L	E	L	W	X	B	O	R	Z	D	L	L

BOWL
ČAJNIK
ZAMRZIVAČ
NOŽEVI
JUG
KAŠIKE
ZAČINI
SUNĐER
PECNICA
FORKS
ROŠTILJ
LADLE
HRANA
JAR
RECEPT
FRIŽIDER
SALVETA
KECELJA
ŠOLJE

32 - Corps Humain

M	A	C	B	V	B	Y	E	S	H	I	J	M	G	X
R	O	N	E	J	L	O	K	U	S	N	E	S	L	F
I	E	Z	R	V	R	Đ	X	A	Đ	O	J	R	A	W
G	D	T	A	R	V	A	R	N	E	V	N	C	V	R
H	F	A	Ž	K	Y	T	M	R	U	K	A	E	A	C
P	Č	K	O	Đ	V	S	V	E	O	K	Ž	C	B	B
S	E	A	K	I	L	U	B	H	Đ	Đ	E	I	X	L
T	L	L	I	L	Q	T	Q	Q	J	V	L	L	F	A
T	J	F	I	N	G	E	R	P	P	D	G	J	V	N
K	U	C	Q	S	V	Y	P	E	U	F	K	I	U	I
M	S	B	O	W	F	L	P	C	U	T	R	B	U	H
O	T	X	N	D	K	R	L	E	H	Đ	C	W	I	C
G	W	I	Q	S	X	S	V	Z	O	J	S	Đ	M	L
P	E	Y	Z	U	N	T	P	C	W	C	L	T	E	W
Q	H	Y	O	A	K	Z	J	S	B	H	O	V	M	W

USTA
MOZAK
GLEŽANJ
VRAT
LAKAT
SRCE
FINGER
TRBUH
RAME
KOLJENO
USNE
RUKA
ČELJUST
CHIN
NOS
UHO
KOŽA
KRV
GLAVA
LICE

33 - Biologie

H	A	P	S	A	T	G	I	N	F	V	G	P	B	E
P	J	R	Y	A	J	I	M	O	T	A	N	A	A	M
S	I	O	N	W	J	W	Q	A	A	Ć	E	M	K	B
Q	C	T	A	O	L	G	H	Z	Z	E	N	Q	T	R
T	U	E	P	T	Q	E	A	O	E	L	Z	C	E	I
H	L	I	S	D	S	O	Z	I	T	I	I	B	R	O
Y	O	N	E	E	M	H	O	B	N	J	M	V	I	N
E	V	R	E	N	I	O	M	M	I	A	C	R	J	M
N	E	E	M	X	R	A	S	I	S	X	L	S	E	U
E	E	G	L	O	T	M	O	S	O	M	O	R	H	T
G	H	U	Y	V	N	W	G	M	T	X	H	X	Q	A
A	I	H	R	Đ	E	P	I	H	O	J	R	T	T	C
L	C	N	D	O	J	V	V	C	F	K	L	C	R	I
O	Đ	D	Q	J	N	P	R	I	R	O	D	N	O	J
K	K	H	S	I	R	Q	O	I	I	K	Z	Q	G	A

ANATOMIJA
BAKTERIJE
ĆELIJA
HROMOSOM
KOLAGEN
EMBRION
ENZIM
EVOLUCIJA
HORMON
SISAR
MUTACIJA
PRIRODNO
NERVE
NEURON
OSMOZA
FOTOSINTEZA
PROTEIN
GMAZ
SIMBIOZA
SYNAPSE

34 - Épices

I	W	Y	W	R	K	G	Q	E	C	G	H	N	Y	L
D	A	P	N	Q	I	I	T	X	S	U	H	I	H	L
M	K	K	T	C	S	N	B	O	S	K	R	R	A	I
B	I	B	E	R	E	G	D	Đ	W	I	E	R	D	C
B	R	H	M	I	L	E	G	G	B	L	D	V	Y	O
I	P	D	I	V	O	R	U	K	U	S	N	A	J	R
I	A	J	C	K	O	M	O	R	A	Č	A	N	T	I
Z	P	Š	A	F	R	A	N	U	F	L	I	I	L	C
P	L	W	K	C	H	N	L	P	V	K	R	L	G	E
S	V	G	Y	C	O	Z	J	M	T	A	O	I	O	C
F	O	V	B	U	N	V	M	G	A	J	C	J	R	V
T	W	M	O	M	A	D	R	A	K	N	Q	A	A	Đ
P	A	P	S	I	H	N	D	D	Š	Š	I	M	K	W
L	U	K	J	N	A	V	X	B	U	E	L	S	L	Đ
X	U	V	Y	A	R	Q	V	P	M	Č	Z	J	U	U

KISELO
ČEŠNJAK
GORAK
ANIS
CIMET
KARDAMOM
CORIANDER
CUMIN
CURRY
KOMORAČ
GINGER
MUŠKAT
LUK
PAPRIKA
BIBER
LICORICE
ŠAFRAN
UKUS
SO
VANILIJA

35 - Agronomie

B	O	L	E	S	T	I	Đ	B	O	Q	E	F	K	A
O	S	T	E	J	N	A	V	I	Ž	A	R	T	S	I
J	D	J	K	B	G	M	E	P	V	W	O	S	K	P
G	K	R	E	M	L	Z	K	O	C	G	Z	A	P	I
X	A	Đ	Ž	M	Z	O	O	V	Đ	D	I	R	I	B
U	A	H	Z	I	E	N	L	R	N	H	J	J	T	V
H	R	A	N	A	V	W	O	Ć	B	J	A	S	Q	F
K	B	P	T	J	C	O	G	E	G	G	B	I	A	Q
S	N	X	W	F	Đ	V	I	S	T	U	D	I	J	A
N	E	B	V	A	G	I	J	N	T	Y	T	H	I	T
D	E	O	Z	B	L	R	A	A	D	Đ	C	V	G	M
R	K	V	S	Y	R	B	I	U	X	T	N	B	R	V
Z	S	Z	X	K	R	U	W	K	I	X	T	Q	E	O
D	O	M	P	K	I	Đ	V	A	T	A	B	S	N	D
O	K	R	U	Ž	E	N	J	E	S	I	U	P	E	A

RAST
ODRŽIVO
VODA
ĐUBRIVO
OKRUŽENJE
EKOLOGIJA
ENERGIJA
EROZIJA
STUDIJA
SJEME
POVRĆE
BOLESTI
HRANA
ISTRAŽIVANJE
SEOSKI
NAUKA

36 - Science

O	J	E	U	G	U	D	O	B	G	K	T	T	H	N
A	C	I	N	E	J	N	I	Č	I	F	L	U	Y	S
Z	Đ	K	V	O	T	Q	O	Z	Q	L	A	I	A	X
E	K	S	P	E	R	I	M	E	N	T	J	Z	M	G
T	F	J	Z	O	F	D	Đ	X	Q	K	I	K	S	A
O	P	I	L	A	R	E	N	I	M	K	C	M	E	M
P	Z	M	Z	Č	E	S	T	I	C	E	A	E	E	O
I	O	E	O	I	T	R	H	W	A	O	T	T	V	L
H	B	H	L	O	K	K	R	J	T	P	I	O	O	E
F	O	S	I	L	S	A	V	X	O	U	V	D	L	K
O	R	G	A	N	I	Z	A	M	M	G	A	A	U	U
F	N	P	R	I	R	O	D	A	G	T	R	W	C	L
N	A	U	Č	N	I	K	J	K	M	H	G	U	I	E
L	A	B	O	R	A	T	O	R	I	J	A	W	J	Q
P	O	D	A	C	I	L	I	H	W	H	V	I	A	O

ATOM
HEMIJSKI
KLIMA
PODACI
EKSPERIMENT
EVOLUCIJA
ČINJENICA
FOSIL
GRAVITACIJA
HIPOTEZA
LABORATORIJA
METODA
MINERALI
MOLEKULE
PRIRODA
ORGANIZAM
ČESTICE
FIZIKA
BILJKE
NAUČNIK

37 - Vêtements

K	X	S	O	S	A	S	Đ	P	T	N	Z	N	N	W
R	E	X	J	B	Y	U	D	V	Q	Đ	L	X	A	S
I	U	C	G	A	N	K	X	N	G	G	I	Z	R	A
Š	A	K	E	Z	A	N	K	A	J	R	J	B	U	N
E	S	S	A	L	U	J	M	V	T	I	Š	W	K	D
Š	X	U	D	V	J	A	M	A	Ž	D	I	P	V	A
H	T	D	O	B	I	A	N	I	J	L	A	H	I	L
K	S	I	M	O	L	C	A	U	N	K	K	K	C	E
B	D	D	Z	T	A	T	E	Č	A	L	H	N	A	K
P	L	L	Q	Q	G	U	E	Z	F	A	D	J	C	O
C	T	U	B	N	T	P	Đ	A	K	Š	N	Y	S	Š
Y	R	X	Z	T	F	A	R	M	E	R	K	E	N	U
G	B	J	G	A	K	K	O	G	R	L	I	C	A	L
W	H	D	Ž	E	M	P	E	R	M	O	T	H	Q	J
G	H	E	Z	I	C	I	P	E	L	A	O	Y	I	A

NARUKVICA
KAIŠ
ŠEŠIR
CIPELA
KOŠULJA
BLUZA
OGRLICA
ŠAL
RUKAVICE
FARMERKE

SUKNJA
KAPUT
MODA
HLAČE
DŽEMPER
PIDŽAMA
HALJINA
SANDALE
KECELJA
JAKNA

38 - Littérature

P	C	Q	T	C	C	M	Y	W	H	M	A	W	R	N
O	T	R	A	G	E	D	I	J	A	H	D	N	Z	A
E	J	N	E	Đ	E	R	O	P	B	Q	Z	N	A	R
T	Đ	S	P	G	O	L	A	J	I	D	A	T	L	A
I	K	I	M	A	B	H	H	L	O	H	K	T	U	T
K	O	P	S	T	I	L	R	B	G	R	L	W	W	O
A	T	O	D	G	E	N	A	T	R	I	J	N	P	R
A	R	P	T	E	M	A	J	B	A	M	U	U	Q	G
J	N	I	O	S	H	Y	I	M	F	A	Č	Đ	F	F
I	I	A	T	E	U	J	G	Y	I	L	A	D	Z	S
C	S	K	L	A	M	Q	O	C	J	O	K	H	D	L
K	P	G	F	I	M	A	L	I	A	A	U	T	O	R
I	I	C	L	C	Z	E	A	R	O	M	A	N	L	E
F	A	S	F	J	W	A	N	Y	T	Q	A	C	L	K
T	P	C	Đ	M	B	Y	A	R	O	F	A	T	E	M

ANALOGIJA
ANALIZA
ANEGDOTA
AUTOR
BIOGRAFIJA
POREĐENJE
ZAKLJUČAK
OPIS
DIJALOG
FIKCIJA
METAFORA
NARATOR
POEMA
POETIKA
RIMA
ROMAN
RITAM
STIL
TEMA
TRAGEDIJA

39 - Nourriture #1

J	Š	P	T	A	I	Č	F	C	Đ	Š	F	D	R	E
A	P	Q	U	O	K	E	J	I	L	M	E	G	G	R
G	I	I	N	N	D	Š	J	U	M	B	Z	Ć	G	P
O	N	J	A	U	D	N	E	C	N	R	I	G	E	W
D	A	K	H	M	A	J	Č	D	T	H	A	V	K	R
A	T	O	U	I	A	A	A	P	U	S	A	T	F	S
B	A	S	I	L	E	K	M	Q	G	R	H	P	N	K
X	F	O	X	T	E	Q	B	J	Đ	G	Z	B	I	L
F	A	V	K	R	M	X	Đ	Z	U	T	B	K	B	S
L	K	J	Đ	T	E	I	R	J	A	X	L	R	Y	Z
T	G	U	C	E	D	V	J	L	L	B	D	U	S	U
Z	O	D	R	T	Z	R	X	R	F	L	Y	Š	I	M
L	V	E	E	G	S	G	U	N	Y	M	Y	K	W	U
W	R	Y	P	A	Y	O	S	E	M	P	P	A	V	E
Đ	V	M	A	C	I	M	E	T	S	A	L	A	T	A

ČEŠNJAK
BASILE
KAFA
CIMET
MRKVA
LIMUN
ŠPINAT
JAGODA
SOK
MLIJEKO
REPA
LUK
JEČAM
KRUŠKA
SALATA
SO
SUPA
ŠEĆER
TUNA
MESO

40 - Jours et Mois

F	U	M	A	R	T	J	A	N	U	A	R	Q	K	Y
H	E	T	L	G	K	E	D	J	S	U	B	O	T	A
H	W	B	O	Đ	T	D	E	G	L	G	K	F	L	C
D	O	T	R	R	J	I	J	Đ	I	E	A	R	W	Y
S	P	G	L	U	A	K	I	E	R	D	J	A	Đ	S
N	N	C	Q	D	A	K	R	Y	P	M	L	D	Z	N
I	T	X	O	Z	R	R	S	P	A	L	E	N	E	F
O	K	T	O	B	A	R	O	N	X	B	J	E	Đ	N
P	A	X	R	A	B	M	E	V	O	N	D	L	X	U
E	T	S	E	D	M	I	C	U	A	U	E	A	J	J
T	R	M	F	Y	E	N	E	C	V	E	N	K	U	P
A	V	C	M	R	T	E	S	H	G	C	O	A	L	R
K	T	H	Đ	X	P	C	E	H	U	X	P	K	I	W
S	E	A	R	N	E	Z	J	Q	S	D	S	S	W	P
R	Č	V	E	M	S	J	M	F	T	D	I	X	I	Y

AVGUST
APRIL
KALENDAR
NEDJELJA
FEBRUAR
JANUAR
ČETVRTAK
JULI
JUN
PONEDJELJAK

UTORAK
MART
SRIJEDA
MJESEC
NOVEMBAR
OKTOBAR
SUBOTA
SEDMICU
SEPTEMBAR
PETAK

41 - Jardinage

Z	T	P	N	Đ	K	V	C	K	O	M	P	O	S	T
E	M	E	J	S	L	R	V	H	V	D	E	V	J	K
M	U	Ć	X	B	I	S	J	C	E	C	G	I	Z	A
L	H	Š	K	U	M	T	E	R	J	G	Z	T	K	Y
J	B	I	P	K	A	A	T	S	I	L	O	S	D	B
A	P	L	F	E	A	B	N	Z	R	V	T	E	A	E
I	E	A	R	T	Y	J	I	O	C	O	I	J	E	X
K	O	N	T	E	J	N	E	R	P	D	Č	B	H	N
Č	B	L	O	S	S	O	M	O	I	A	N	D	Đ	N
I	B	H	O	T	A	K	A	J	N	Ć	O	V	Y	A
N	U	D	G	U	A	S	E	Z	O	N	S	K	I	B
A	T	F	W	L	G	L	G	E	P	H	I	I	P	C
T	X	U	F	S	A	C	B	V	Z	E	U	H	W	Q
O	H	C	E	B	L	Q	H	V	W	G	Đ	Y	U	D
B	O	B	C	C	V	X	C	K	O	X	S	P	N	H

BOTANIČKI
BUKET
KLIMA
JESTIVO
KOMPOST
VODA
VRSTA
EGZOTIČNO
LIŠĆE
LIST
BLOSSOM
CVJETNI
SJEME
VLAGA
KONTEJNER
SEZONSKI
BLATO
ZEMLJA
CRIJEVO
VOĆNJAK

42 - Entreprise

F	:	A	J	A	D	O	R	P	R	I	H	O	D	P
O	A	J	I	R	A	L	E	C	N	A	K	T	I	R
N	M	B	I	E	T	E	J	A	L	X	H	R	M	O
Y	R	F	R	C	G	E	I	V	K	E	I	A	G	D
J	I	L	U	I	E	J	S	A	C	K	M	N	T	A
C	F	T	F	Z	K	N	N	D	Y	O	Y	S	K	V
N	U	C	I	E	Q	A	A	O	Đ	N	A	A	Y	N
N	P	E	T	R	E	G	N	L	Y	O	A	K	Z	I
F	W	Y	V	O	Z	A	I	S	R	M	N	C	J	C
H	M	Y	A	P	U	L	F	O	P	I	A	I	H	A
U	C	T	E	Ž	D	U	B	P	R	J	K	J	F	T
K	A	R	I	J	E	R	A	N	O	A	Đ	A	F	G
I	V	A	L	U	T	A	I	H	F	N	N	N	P	P
R	O	B	A	E	T	M	R	Y	I	Q	D	L	C	E
I	N	E	L	S	O	P	A	Z	T	S	O	K	R	P

NOVAC
PRODAVNICA
BUDŽET
KANCELARIJA
KARIJERA
KOST
VALUTA
POSLODAVAC
ZAPOSLENI
FIRMA:
EKONOMIJA
FINANSIJE
POREZI
ULAGANJE
ROBA
PROFIT
PRIHOD
TRANSAKCIJA
FABRIKA
PRODAJA

43 - Activités

C	Z	Y	A	E	A	U	R	J	W	Z	P	F	U	K
N	P	A	C	Z	A	N	A	T	I	A	L	O	M	A
A	K	T	I	V	N	O	S	T	Y	G	E	T	J	M
X	T	N	T	V	O	L	Q	V	R	O	T	O	E	P
D	V	K	F	E	R	G	I	N	Q	N	E	G	T	I
I	B	J	V	J	E	T	O	K	K	E	N	R	N	R
Č	I	T	A	N	J	E	L	C	N	T	J	A	O	A
M	K	Z	K	A	N	R	T	A	L	K	E	F	S	N
A	C	F	I	V	A	U	X	K	R	E	L	I	T	J
G	F	N	L	I	T	S	O	I	Đ	S	D	J	B	E
I	K	V	S	Š	Š	I	H	M	V	J	T	A	H	D
J	Q	C	W	F	U	E	S	A	Y	J	A	V	I	Q
A	H	K	H	A	P	L	D	R	Q	J	R	F	O	C
G	R	Z	X	K	O	V	J	E	Š	T	I	N	A	R
R	I	B	O	L	O	V	Q	K	P	A	E	Đ	G	K

AKTIVNOST
UMJETNOST
ZANATI
KAMPIRANJE
KERAMIKA
LOV
VJEŠTINA
ŠIVANJE
VRTLARSTVO
IGRE

ČITANJE
LEISURE
MAGIJA
SLIKA
RIBOLOV
FOTOGRAFIJA
ZAGONETKE
OPUŠTANJE
PLETENJE

44 - Fleurs

M	T	C	A	M	G	D	Q	C	X	J	Z	N	A	T
H	A	S	I	V	A	D	N	A	V	A	L	Đ	B	U
I	C	G	J	I	E	S	T	N	U	D	C	M	Y	L
B	I	P	N	O	Z	Y	L	I	L	A	T	E	P	I
I	Č	L	Y	O	R	C	L	A	A	S	T	M	P	P
S	N	U	L	W	L	G	I	M	Č	V	E	Y	O	E
K	I	M	B	V	M	I	O	N	P	A	R	X	P	M
U	T	E	F	Z	R	W	J	V	J	Đ	K	O	X	C
S	A	R	M	Q	E	K	N	A	A	E	O	R	B	L
M	R	I	N	T	A	J	J	O	Y	N	C	H	U	O
Z	T	A	J	A	Y	Y	D	F	U	I	N	I	K	V
Đ	X	Đ	J	R	N	W	Q	C	R	M	U	D	E	E
R	D	A	F	F	O	D	I	L	F	S	S	E	T	R
B	P	A	I	N	E	D	R	A	G	A	R	J	N	Y
F	O	X	B	S	P	Z	V	Y	C	J	T	A	K	W

BUKET
GARDENIA
HIBISKUS
JASMINE
DAFFODIL
LAVANDA
JORGOVAN
LILY
MAGNOLIJA
TRATINČICA
ORHIDEJA
POPPY
PETAL
MASLAČAK
PEONY
PLUMERIA
SUNCOKRET
CLOVER
TULIP

45 - Nourriture #2

A	X	H	O	C	Z	J	A	D	A	R	A	P	N	T
K	S	V	G	F	C	H	A	N	A	N	A	B	G	W
I	P	X	Z	S	G	C	Ž	B	L	S	W	R	Đ	B
K	Z	E	W	Z	I	V	I	K	U	H	F	I	A	A
P	M	R	A	M	Z	F	R	V	D	K	W	B	C	D
R	N	Đ	M	X	C	H	G	J	W	D	A	A	R	E
M	A	N	G	O	V	U	O	Q	Q	S	D	A	G	M
B	Ž	W	M	T	T	R	E	Š	N	J	A	B	L	Đ
I	D	Š	O	K	O	K	Đ	J	H	S	L	R	J	Z
H	I	U	P	U	Q	G	Ž	J	A	K	O	O	I	F
E	L	N	J	A	D	B	O	F	N	J	K	K	V	K
X	T	K	C	E	L	E	R	X	G	V	O	U	A	T
J	A	A	A	A	E	I	G	P	J	H	Č	L	Đ	O
V	P	A	J	P	Š	E	N	I	C	A	A	A	S	C
W	I	X	I	L	Z	L	S	M	A	I	T	A	Q	N

BADEM
PATLIDŽAN
BANANA
PŠENICA
BROKULA
TREŠNJA
CELER
GLJIVA
ČOKOLADA
ŠUNKA
KIVI
MANGO
JAJE
KRUH
RIBA
JABUKA
KOKOŠ
GROŽĐE
RIŽA
PARADAJZ

46 - Algèbre

P	J	Z	F	J	G	E	S	L	A	F	T	T	M	O
O	E	K	O	A	P	A	X	Z	L	E	O	B	A	D
J	D	Z	R	P	R	X	Z	P	L	V	K	M	T	U
E	N	K	M	M	K	G	M	S	O	I	E	G	R	Z
D	A	L	U	N	T	Đ	B	R	Đ	N	V	M	I	I
N	Č	A	L	Q	O	F	P	M	E	B	E	O	C	M
O	I	N	A	R	J	E	Š	E	N	J	E	N	A	A
S	N	I	H	M	Z	X	K	L	S	O	A	Č	T	N
T	A	Č	M	Z	U	R	Z	B	P	R	L	A	D	J
A	A	I	J	T	B	S	H	O	C	B	X	N	O	E
V	Y	L	J	J	Z	A	G	R	A	D	A	O	D	G
I	Đ	O	W	F	P	A	Q	P	O	W	C	K	A	B
F	A	K	T	O	R	D	M	C	T	S	A	S	T	T
D	I	J	A	G	R	A	M	I	I	F	J	E	A	O
Y	Y	V	A	R	I	J	A	B	L	A	H	B	K	O

DODATAK
DIJAGRAM
EXPONENT
JEDNAČINA
FAKTOR
FALSE
FORMULA
GRAF
BESKONAČNO
MATRICA
BROJ
ZAGRADA
PROBLEM
KOLIČINA
POJEDNOSTAVI
RJEŠENJE
SUMA
ODUZIMANJE
VARIJABLA
NULA

47 - Océan

Đ	Z	A	C	I	N	T	O	B	O	H	W	K	V	G
T	A	L	A	S	I	H	Đ	L	L	I	F	F	I	N
W	T	P	W	P	G	Y	Y	G	U	U	K	E	W	T
B	D	W	I	U	E	F	V	B	J	Y	C	Đ	H	S
Đ	B	E	B	A	O	V	T	D	A	J	O	P	M	K
O	Đ	S	E	P	M	A	P	A	T	J	T	E	O	A
A	J	K	U	L	A	A	L	A	R	O	K	U	S	N
B	Đ	G	P	X	S	I	I	K	A	N	F	Z	N	Q
J	R	Y	S	I	U	P	M	A	K	Š	X	U	E	A
R	E	T	S	Y	O	R	E	Đ	N	U	S	G	B	R
P	B	G	J	O	Đ	Z	A	Z	U	D	E	M	E	A
S	O	K	U	T	H	O	B	I	W	Z	Y	M	R	K
H	N	I	F	L	E	D	I	Q	T	X	H	N	G	E
I	U	A	Č	A	J	N	R	O	K	L	A	D	L	V
I	P	K	G	G	T	A	O	B	O	P	V	T	K	H

JEGULJA
KIT
BOAT
KORAL
RAK
ŠKAMP
DELFIN
SUNĐER
OYSTER
PLIME

MEDUZA
RIBA
HOBOTNICA
AJKULA
GREBEN
SO
OLUJA
TUNA
KORNJAČA
TALASI

48 - Antiquités

A	U	T	E	N	T	I	Č	N	O	N	X	H	Q	Z
J	V	R	U	N	A	T	N	A	G	E	L	E	E	J
I	F	D	L	C	T	S	O	N	D	E	J	I	R	V
R	Đ	N	A	P	S	F	P	V	P	D	B	H	T	R
E	C	Q	G	K	O	J	R	S	L	I	K	E	K	S
L	F	G	A	C	N	S	K	U	L	P	T	U	R	A
A	N	U	N	I	T	A	V	G	R	X	E	Z	L	Q
G	A	Đ	J	L	E	U	M	U	K	R	A	S	N	O
A	K	A	E	S	J	V	F	J	S	Y	G	Y	P	N
J	I	H	P	E	M	L	X	Q	E	T	J	H	Q	Č
I	T	R	Y	R	U	T	N	E	C	Š	A	D	T	I
C	I	J	E	N	A	X	V	H	K	D	T	R	S	B
K	V	A	L	I	T	E	T	J	F	Y	V	A	G	O
U	K	O	V	A	N	I	C	E	W	W	V	Q	J	E
A	J	I	C	A	R	U	A	T	S	E	R	C	S	N

UMJETNOST
AUTENTIČNO
NAKIT
UKRASNO
AUKCIJA
ELEGANTAN
GALERIJA
NEOBIČNO
ULAGANJE
NAMJEŠTAJ
SLIKE
KOVANICE
CIJENA
KVALITET
RESTAURACIJA
SKULPTURA
CENTURY
STIL
VRIJEDNOST
STAR

49 - Réchauffement Climatique

E	L	Đ	K	L	I	M	A	J	I	G	R	E	N	E
I	N	D	U	S	T	R	I	J	A	D	A	S	Y	W
Z	M	E	E	R	B	N	A	U	Č	N	I	K	I	R
S	E	J	J	Đ	Đ	U	U	D	V	G	A	S	S	W
T	Đ	I	I	M	G	Z	D	T	A	R	K	T	I	K
A	U	C	C	N	O	Q	J	U	P	O	D	A	C	I
N	N	A	A	Z	I	R	K	E	Ć	A	R	I	C	G
I	A	L	R	P	Q	K	P	W	D	N	M	J	B	Z
Š	R	U	E	A	T	H	K	W	V	P	O	B	X	R
T	O	P	N	Ž	T	Q	F	Z	J	L	B	S	U	A
A	D	O	E	N	P	I	Z	S	Y	Q	A	T	T	Z
Đ	N	P	G	J	Z	F	D	C	V	P	T	D	V	V
M	I	M	B	A	C	H	W	E	S	Y	J	E	A	O
Z	A	K	O	N	O	D	A	V	S	T	V	O	P	J
T	E	M	P	E	R	A	T	U	R	E	A	F	U	P

ARKTIK
PAŽNJA
PROMJENE
KLIMA
KRIZA
RAZVOJ
PODACI
ENERGIJA
BUDUĆNOST
GAS
GENERACIJE
VLADA
STANIŠTA
INDUSTRIJA
MEĐUNARODNI
ZAKONODAVSTVO
SADA
POPULACIJE
NAUČNIK
TEMPERATURE

50 - Ballet

O	G	G	A	M	I	N	T	E	N	Z	I	T	E	T
Z	O	U	A	J	I	K	Č	I	N	T	E	J	M	U
R	M	Q	S	N	Y	Š	P	R	O	B	A	J	S	G
O	I	O	T	A	P	S	I	R	A	R	S	J	O	R
A	R	T	K	Z	E	F	N	Ć	J	A	T	X	L	A
H	R	B	A	S	V	J	V	V	I	P	C	M	O	C
F	J	X	H	M	R	Y	U	J	F	L	V	U	O	I
M	O	A	W	T	O	P	G	E	A	A	I	E	Y	O
O	R	K	E	S	T	A	R	Š	R	U	G	T	L	Z
A	N	I	R	E	L	A	B	T	G	Z	X	G	S	A
C	N	Z	O	G	I	A	F	I	O	X	X	B	N	N
Z	K	U	F	Y	E	S	Q	N	E	V	Y	M	K	Q
C	F	M	O	N	J	A	Ž	A	R	Z	I	Đ	V	O
F	F	B	B	R	O	T	I	Z	O	P	M	O	K	S
P	L	E	S	A	Č	I	R	A	K	I	N	H	E	T

APLAUZ
UMJETNIČKI
BALERINA
KOREOGRAFIJA
VJEŠTINA
KOMPOZITOR
PLESAČI
IZRAŽAJNO
GEST
GRACIOZAN
INTENZITET
MIŠIĆI
MUZIKA
ORKESTAR
PROBA
RITAM
SOLO
STIL
TEHNIKA

51 - Fruit

B	N	T	W	H	A	H	G	A	S	C	Z	C	M	C
R	A	Y	R	R	E	B	U	Y	V	B	I	O	A	S
E	R	U	A	E	L	M	A	A	G	O	I	H	N	C
S	A	O	T	A	Š	Đ	V	P	R	Z	K	D	G	F
K	N	U	M	I	L	N	A	A	O	M	D	A	O	U
V	D	E	P	K	G	K	J	P	Ž	K	I	A	D	E
I	Ž	J	S	Z	A	Z	X	A	Đ	C	N	N	A	O
C	A	K	Š	U	R	K	Đ	W	E	X	J	A	J	M
A	S	K	Z	N	A	N	A	N	A	B	A	N	A	A
W	T	N	G	S	N	H	D	D	I	O	L	A	B	R
I	O	V	V	P	I	N	T	G	O	G	L	S	U	E
I	A	G	D	M	L	V	S	M	Q	A	U	F	K	L
C	N	E	K	T	A	R	I	N	G	W	E	I	A	I
G	V	E	P	S	M	M	D	K	S	A	Q	G	Đ	C
P	C	J	W	C	O	F	J	X	K	C	B	Y	X	A

MARELICA
ANANAS
AVOKADO
BERRY
BANANA
TREŠNJA
LIMUN
FIG
MALINA
GUAVA
KIVI
MANGO
DINJA
NEKTARIN
NARANDŽASTO
PAPAYA
BRESKVICA
KRUŠKA
JABUKA
GROŽĐE

52 - Technologie

P	G	T	I	Đ	X	S	O	R	J	A	T	G	T	S
S	O	E	J	N	A	V	I	Ž	A	R	T	S	I	O
Q	L	D	X	Q	T	Y	W	K	F	E	V	K	K	F
V	B	G	A	M	K	E	L	G	A	M	I	S	U	T
M	I	Y	K	C	H	Y	R	W	J	A	R	H	T	V
Đ	I	R	I	Y	I	O	E	N	L	K	U	J	E	E
X	R	O	T	Y	E	H	I	U	E	C	S	A	Z	R
F	D	S	S	U	D	O	N	L	A	T	I	G	I	D
O	O	R	I	N	A	S	I	G	U	R	N	O	S	T
N	X	U	T	A	P	L	P	A	B	T	A	P	L	M
T	H	K	A	O	Z	Đ	N	A	Y	Q	R	O	B	B
U	G	F	T	Đ	N	T	W	O	I	A	K	R	L	Y
S	V	T	S	B	A	J	T	O	V	A	E	U	L	Đ
P	R	E	G	L	E	D	N	I	K	Q	T	K	L	Đ
R	A	Č	U	N	A	R	E	W	R	J	T	A	I	N

BLOG
KAMERA
KURSOR
PODACI
EKRAN
FAJL
INTERNET
SOFTVER
PORUKA
PREGLEDNIK
DIGITALNO
BAJTOVA
RAČUNAR
FONT
ISTRAŽIVANJE
SIGURNOST
STATISTIKA
VIRTUALNO
VIRUS

53 - Musique

O	T	S	U	G	T	F	R	L	Đ	W	X	M	U	P
K	Q	G	M	M	W	J	A	M	U	B	L	A	G	S
S	N	I	M	A	N	J	E	H	U	S	C	T	J	I
I	Z	L	K	F	O	W	P	V	S	Z	L	I	R	N
A	Y	F	K	X	U	O	P	M	E	T	I	R	F	G
J	D	I	K	N	J	B	X	F	J	I	F	Č	N	E
I	N	S	T	R	U	M	E	N	T	U	Z	L	A	R
D	K	B	A	L	A	D	A	P	P	C	Z	F	L	R
O	Y	S	A	W	I	D	C	A	O	Đ	D	I	A	T
L	Đ	E	R	O	P	E	R	A	E	V	P	T	K	K
E	Q	T	B	I	K	Č	I	M	T	I	R	A	I	L
M	F	R	X	T	L	X	I	Q	I	T	I	V	S	A
H	A	R	M	O	N	I	K	I	K	F	D	E	A	K
H	A	R	M	O	N	I	J	A	A	V	G	J	L	O
M	I	K	R	O	F	O	N	N	I	V	X	P	K	V

ALBUM
BALADA
PJEVATI
SINGER
KLASIKA
SNIMANJE
HARMONIJA
HARMONIK
INSTRUMENT
LIRSKI
MELODIJA
MIKROFON
MJUZIKL
MUZIČAR
OPERA
POETIKA
RITAM
RITMIČKI
TEMPO
VOKAL

54 - Météo

U	H	W	O	K	Z	J	D	B	V	U	D	V	V	V
U	R	A	V	A	L	P	O	P	O	N	E	B	O	J
L	Y	A	Š	U	S	I	N	K	X	U	L	M	A	E
I	J	J	G	Đ	I	S	M	S	D	S	B	J	T	T
U	M	U	H	A	G	U	D	A	J	N	U	M	M	A
T	P	L	H	S	N	E	F	M	G	O	X	L	O	R
T	L	O	R	E	D	N	U	H	T	M	Đ	A	S	I
G	Đ	V	L	A	Ž	N	O	H	U	S	P	P	F	Y
P	K	U	C	Y	L	D	X	O	D	I	V	Z	E	P
R	K	M	E	O	R	O	Z	D	P	P	G	P	R	R
N	S	V	T	U	K	S	P	J	J	A	F	Q	A	O
J	H	D	T	Y	C	P	B	N	Z	X	W	I	L	B
F	Q	Y	I	Q	F	K	E	E	Z	F	K	U	G	L
Z	T	N	T	E	M	P	E	R	A	T	U	R	A	A
T	O	R	N	A	D	O	Đ	Q	K	G	Z	C	M	K

DUGA
ATMOSFERA
MAGLA
NEBO
KLIMA
MUNJA
LED
VLAŽNO
POPLAVA
MONSUN
OBLAK
URAGAN
POLAR
SUHO
SUŠA
TEMPERATURA
OLUJA
THUNDER
TORNADO
VJETAR

55 - L'Entreprise

Z	A	P	O	Š	L	J	A	V	A	N	J	E	U	Đ
Z	L	S	Đ	U	L	A	G	A	N	J	E	B	T	E
I	N	O	V	A	T	I	V	N	O	A	E	S	B	Q
S	E	U	P	I	T	I	I	F	G	J	T	S	O	X
O	D	L	U	K	A	S	D	D	Z	I	S	V	A	U
P	Đ	U	M	P	J	R	O	I	J	R	E	T	U	V
G	O	F	H	Q	A	U	V	N	C	T	W	P	G	K
L	G	S	Y	C	I	S	Z	U	Ć	S	J	R	L	V
O	B	C	A	C	V	E	I	B	U	U	O	I	E	A
B	B	L	R	O	O	R	O	M	X	D	G	H	D	L
A	E	W	K	A	D	E	R	P	A	N	P	O	Đ	I
L	U	X	K	Z	N	Đ	P	F	A	I	Z	D	M	T
N	X	P	M	O	E	V	Đ	R	I	Z	I	C	I	E
O	Đ	R	R	P	R	J	E	D	I	N	I	C	E	T
N	P	W	L	H	T	K	R	E	A	T	I	V	A	N

POSAO
KREATIVAN
ODLUKA
ZAPOŠLJAVANJE
GLOBALNO
INDUSTRIJA
INOVATIVNO
ULAGANJE
MOGUĆNOST
PROIZVOD
NAPREDAK
KVALITET
RESURSI
PRIHOD
UGLED
RIZICI
TRENDOVI
JEDINICE

56 - Gouvernement

M	L	N	W	L	O	B	M	I	S	J	R	N	D	D
I	U	I	B	N	M	N	M	X	P	E	D	E	R	E
R	U	G	Z	M	Đ	X	F	R	O	D	E	Z	Ž	M
N	Y	S	T	A	N	J	E	C	M	N	M	A	A	O
O	B	Z	O	J	J	Q	H	L	E	A	N	V	V	K
X	O	K	S	A	J	I	C	A	N	K	Z	I	L	R
P	R	A	V	D	A	S	S	R	I	O	Đ	S	J	A
H	E	Đ	A	G	V	I	U	U	K	S	I	N	A	T
B	Z	O	T	M	A	M	X	D	K	T	S	O	N	I
L	X	V	S	T	R	C	T	L	S	S	M	S	S	J
K	K	K	U	R	P	G	P	I	C	K	I	T	T	A
P	E	C	H	O	H	J	L	V	N	W	I	D	V	L
K	Đ	Đ	W	V	P	O	L	I	T	I	K	A	O	H
U	Z	A	K	O	N	H	K	C	N	Đ	E	F	O	B
I	V	I	H	G	S	L	O	B	O	D	A	N	J	M

DRŽAVLJANSTVO
CIVIL
USTAV
DEMOKRATIJA
GOVOR
DISKUSIJA
PRAVA
JEDNAKOST
STANJE
NEZAVISNOST
SUDSKI
PRAVDA
VOĐA
SLOBODA
ZAKON
SPOMENIK
NACIJA
MIRNO
POLITIKA
SIMBOL

57 - Randonnée

M	S	K	A	M	P	I	R	A	N	J	E	V	V	F
A	I	V	N	I	O	P	A	S	N	O	S	T	I	F
P	E	Z	I	V	F	C	O	K	V	O	D	I	Č	I
A	A	A	N	Z	Q	U	Q	Z	Š	V	N	J	W	L
M	J	Y	A	D	O	R	I	R	P	E	I	B	O	C
R	I	S	L	I	Y	Z	D	V	N	Q	T	N	X	X
C	C	L	P	L	E	F	G	E	Đ	F	R	B	J	P
K	A	M	E	N	J	E	I	P	E	H	T	W	J	R
S	T	Y	M	A	N	S	J	S	K	L	I	M	A	I
A	N	Q	Z	R	I	B	L	Đ	U	T	N	A	C	P
M	E	S	I	O	T	Z	V	W	S	N	A	J	A	R
I	J	B	Č	M	O	R	I	O	U	Đ	C	V	F	E
T	I	R	O	U	V	Đ	D	W	D	C	Y	E	C	M
J	R	H	U	P	I	H	T	Đ	X	A	R	Đ	E	A
M	O	U	C	V	Ž	P	A	R	K	O	V	I	R	W

ŽIVOTINJE
ČIZME
KAMPIRANJE
MAPA
KLIMA
OPASNOSTI
VODA
CLIFF
UMORAN
VODIČI
TEŠKA
PLANINA
PRIRODA
ORIJENTACIJA
PARKOVI
KAMENJE
PRIPREMA
DIVLJI
SUNCE
SAMIT

58 - Nutrition

Z	P	Z	S	Z	D	R	A	V	R	Đ	P	C	P	P
S	D	R	R	U	M	Z	C	U	L	M	U	Z	R	S
K	A	R	O	G	B	A	L	A	N	S	P	L	O	O
W	V	J	A	B	V	Z	I	N	I	S	K	O	T	S
W	I	N	Q	V	A	D	R	Đ	T	U	W	K	E	Q
X	T	R	J	S	L	V	S	H	S	K	J	M	I	N
E	A	F	E	Z	T	J	A	P	O	U	B	Đ	N	E
J	M	Z	Đ	A	E	P	E	S	N	G	K	K	I	I
I	I	Đ	C	Č	Ž	Z	B	R	Č	L	A	H	Z	E
R	N	C	F	I	I	V	Y	P	E	O	G	I	L	O
O	E	A	H	N	N	S	M	Z	T	N	Z	L	B	J
L	X	Y	O	I	A	D	I	J	E	T	A	L	Z	H
A	P	E	T	I	T	E	T	I	L	A	V	K	V	A
K	H	F	E	R	M	E	N	T	A	C	I	J	A	V
J	E	S	T	I	V	O	S	A	S	T	O	J	C	I

GORAK
APETIT
KALORIJE
JESTIVO
DIJETA
PROBAVA
ZAČINI
BALANS
FERMENTACIJA
SASTOJCI
TEČNOSTI
TEŽINA
PROTEINI
KVALITET
ZDRAV
ZDRAVLJE
SOS
UKUS
TOKSIN
VITAMIN

59 - Créativité

O	N	V	I	T	N	E	V	N	I	A	I	V	J	K
V	I	Z	I	J	E	F	A	M	N	U	D	J	A	L
O	W	J	S	L	I	K	A	Z	T	T	E	E	S	O
I	V	E	B	Z	I	N	E	S	E	E	J	Š	N	B
U	N	J	F	A	T	P	M	P	N	N	E	T	O	V
I	M	S	Y	R	L	N	O	O	Z	T	H	I	Ć	Q
B	N	J	P	Z	M	V	C	N	I	I	U	N	A	S
L	U	T	E	I	O	H	I	T	T	Č	T	A	T	E
K	L	S	U	T	R	W	J	A	E	N	I	O	Š	N
C	Y	Y	J	I	N	A	E	N	T	O	S	F	A	Z
R	N	V	M	R	C	I	C	O	K	S	A	Y	M	A
L	C	Q	Đ	G	V	I	Č	I	V	T	K	C	L	C
L	F	Z	O	Q	B	Đ	J	K	J	D	Z	B	Đ	I
H	V	Y	N	Z	D	N	V	A	I	A	A	G	U	J
D	R	A	M	A	T	I	C	N	O	N	S	M	A	A

UMJETNIČKI
AUTENTIČNOST
JASNOĆA
VJEŠTINA
DRAMATICNO
IZRAZ
EMOCIJE
IDEJE
SLIKA
MAŠTA
UTISAK
INSPIRACIJA
INTENZITET
INTUICIJA
INVENTIVNO
SENZACIJA
SPONTANO
VIZIJE

60 - Science Fiction

I	L	U	Z	I	J	A	Đ	Q	J	V	K	A	P	T
T	M	I	M	A	G	I	N	A	R	N	O	J	K	E
O	I	Đ	A	Đ	O	T	A	P	A	L	I	I	M	H
B	S	O	R	Z	J	E	J	I	B	G	A	S	Z	N
O	T	F	U	T	U	R	I	S	T	I	Č	K	I	O
R	E	S	Y	K	H	G	P	A	Q	Z	U	A	D	L
E	R	C	Y	J	A	C	O	O	T	G	Đ	L	A	O
X	I	E	R	Z	T	R	T	E	Đ	O	V	A	E	G
T	O	N	O	K	E	T	S	Z	M	B	M	G	F	I
R	Z	A	L	R	N	K	I	K	H	I	N	I	V	J
E	N	R	Đ	E	A	J	D	B	I	O	S	D	C	A
M	O	I	K	R	L	C	I	R	V	S	R	U	Z	Q
E	C	O	B	R	P	T	L	G	U	K	N	V	T	M
S	V	I	J	E	T	R	X	E	E	O	O	S	S	X
B	F	T	O	A	J	I	Z	O	L	P	S	K	E	G

ATOMIC
BIOSKOP
DISTOPIJA
EKSPLOZIJA
EXTREME
PALI!
FUTURISTIČKI
GALAKSIJA
ILUZIJA
IMAGINARNO
KNJIGE
SVIJET
MISTERIOZNO
ORACLE
PLANETA
ROBOTI
SCENARIO
TEHNOLOGIJA

61 - Professions #1

R	J	W	D	V	Y	X	B	I	I	F	N	D	A	T
A	W	I	O	K	A	N	A	U	Č	N	I	K	M	R
Č	Đ	F	K	A	V	T	N	X	I	A	D	I	B	E
I	D	A	T	W	J	D	R	T	J	P	N	N	A	N
Z	K	S	O	G	T	A	K	O	V	D	A	D	S	E
U	L	P	R	Đ	M	N	V	N	G	F	R	E	A	R
M	V	A	G	L	O	C	J	F	O	A	G	R	D	P
G	E	C	T	L	N	E	F	M	L	R	S	U	O	I
E	T	Y	B	A	O	R	J	Đ	O	G	N	A	R	J
O	E	S	S	V	R	V	A	K	H	O	D	I	C	A
L	R	E	W	I	T	V	A	A	I	T	F	M	Q	N
O	I	S	F	B	S	Z	F	C	S	R	A	Z	C	I
G	N	T	C	G	A	R	D	M	P	A	T	Đ	P	S
Z	A	R	B	A	N	K	A	R	B	K	L	Q	E	T
Q	R	O	H	U	M	J	E	T	N	I	K	T	B	S

AMBASADOR
UMJETNIK
ASTRONOM
ADVOKAT
BANKAR
ZLATAR
KARTOGRAF
LOVAC
DANCER
TRENER
UREDNIK
GEOLOG
SESTRO.
DOKTOR
MUZIČAR
PIJANIST
VATROGASAC
PSIHOLOG
NAUČNIK
VETERINAR

62 - Géologie

K	O	N	T	I	N	E	N	T	B	X	S	X	J	S
L	S	Z	V	X	L	J	Q	P	Y	N	F	U	W	T
R	H	W	Z	U	U	K	A	V	W	B	B	X	Y	A
X	G	V	M	B	C	R	A	V	K	U	N	R	E	L
S	Q	T	W	E	B	I	L	A	R	E	N	I	M	A
S	L	X	F	H	P	S	P	H	H	E	O	Z	B	K
M	T	O	V	T	N	T	S	J	G	N	X	J	O	T
F	Đ	A	J	G	A	A	J	I	Z	O	R	E	F	I
Z	P	N	L	U	N	L	K	C	L	T	G	G	A	T
E	R	I	J	A	U	I	A	L	I	S	O	F	K	K
D	P	Ć	R	E	G	Z	N	A	U	K	O	R	A	L
W	V	E	U	T	P	M	M	K	N	V	Q	O	V	S
A	S	P	N	A	S	V	I	O	O	J	Đ	E	A	M
K	I	S	E	L	I	N	A	T	Z	B	C	H	L	D
M	Y	V	U	P	I	K	O	Đ	I	B	W	V	D	H

KISELINA
KALCIJ
PEĆINA
KONTINENT
KORAL
SLOJ
KRISTALI
EROZIJA
FOSIL
GEJZIR
LAVA
MINERALI
STONE
PLATEAU
KVARC
SO
STALAKTIT
STALAGMITI
VULKAN
ZONU

63 - Jardin

F	S	W	J	B	S	N	R	O	C	P	O	N	D	Z
X	Z	A	O	U	U	Z	B	H	R	Y	R	U	O	E
H	A	M	M	O	C	K	B	Y	I	S	Q	U	I	M
L	T	T	E	R	A	S	A	R	J	M	U	G	K	L
B	O	D	E	F	V	P	Z	O	E	N	I	V	D	J
S	R	P	K	O	A	L	U	Z	V	P	R	H	Q	A
N	M	E	A	I	R	U	Y	L	O	V	R	D	J	F
I	X	I	J	T	T	B	G	K	K	M	Y	U	Y	R
L	V	T	N	X	A	D	A	R	G	O	A	Y	S	G
O	U	R	Ć	Y	P	G	A	R	A	Ž	A	P	C	U
P	B	S	O	R	T	C	V	I	J	E	T	G	T	W
M	Z	A	V	Q	V	K	O	R	O	V	V	R	A	Z
A	B	Đ	Š	G	U	X	Z	B	F	T	V	M	S	W
R	A	K	E	T	T	R	A	V	N	J	A	K	X	J
T	N	L	Q	Z	A	B	P	G	M	Đ	P	F	O	H

DRVO
KLUPA
GRM
OGRADA
POND
CVIJET
GARAŽA
HAMMOCK
TRAVA
BAŠTA

KOROV
LOPATA
TRAVNJAK
RAKE
ZEMLJA
TERASA
TRAMPOLIN
CRIJEVO
VOĆNJAK
VINE

64 - Santé et Bien Être #1

D	B	K	N	V	K	E	J	I	L	W	P	V	K	P
D	A	L	G	L	I	L	V	X	U	W	Z	Đ	Đ	R
P	K	W	R	O	Y	S	I	H	Z	F	B	Q	R	K
O	T	C	P	V	Đ	U	I	N	O	M	R	O	H	S
V	E	O	T	S	G	R	H	N	I	S	Đ	I	X	N
R	R	N	P	Q	N	I	H	J	A	K	I	V	A	N
E	I	V	D	U	E	V	H	P	K	E	A	Ž	O	K
D	J	I	O	W	Š	G	W	M	O	L	R	P	L	X
A	E	T	K	Q	L	T	L	O	S	F	U	P	H	Q
L	N	K	T	Q	A	P	A	H	T	E	T	O	M	I
Z	F	A	O	J	K	Y	L	N	I	R	K	D	O	T
O	K	O	R	V	L	Y	B	H	J	I	A	S	K	O
M	I	Š	I	Ć	I	U	H	N	N	E	R	J	A	H
T	R	E	T	M	A	N	R	I	A	I	F	L	Z	P
T	E	R	A	P	I	J	A	K	E	T	O	P	A	G

AKTIVNO
BAKTERIJE
POVREDA
KLINIKA
GLAD
FRAKTURA
NAVIKA
VISINA
HORMONI
DOKTOR
LIJEK
MIŠIĆI
KOSTI
KOŽA
APOTEKA
OPUŠTANJE
REFLEKS
TERAPIJA
TRETMAN
VIRUS

65 - Barbecues

M	S	O	S	U	Đ	Q	M	K	S	H	F	J	L	I
W	M	Q	I	Y	D	O	U	C	D	J	E	C	A	L
K	O	K	O	Š	O	Z	Z	J	B	K	Ć	F	I	C
P	L	U	R	H	D	G	I	V	E	Ž	O	N	V	H
W	O	L	F	N	M	L	K	N	Đ	H	V	D	Q	B
E	Ć	R	V	O	P	A	A	W	P	L	J	V	X	T
S	S	E	O	A	J	D	Q	V	W	O	K	R	M	Đ
P	I	B	X	D	L	V	E	Č	E	R	A	U	V	A
H	R	I	U	L	I	I	J	T	U	J	Č	Ć	K	Đ
H	L	B	L	W	T	C	H	D	A	V	U	E	F	Y
J	I	E	F	N	Š	G	A	A	E	L	R	Y	R	W
I	G	R	E	L	O	C	Z	J	A	D	A	R	A	P
C	B	X	C	E	R	J	F	A	M	Z	J	S	W	O
I	S	N	G	T	M	R	B	N	N	J	T	D	Đ	S
D	E	O	Đ	O	T	Q	C	K	N	T	X	Q	B	A

VRUĆE
NOŽEVI
RUČAK
VEČERA
DJECA
LETO
GLAD
PORODICA
VOĆE
ROŠTILJ
IGRE
POVRĆE
MUZIKA
LUK
BIBER
KOKOŠ
SALATE
SOS
SO
PARADAJZ

66 - Forêt Tropicale

B	V	U	P	T	I	C	E	M	Q	O	R	Z	V	S
W	Q	D	T	G	J	F	Đ	O	L	Č	E	A	O	I
Y	V	Đ	Ž	O	D	H	Z	S	W	U	S	J	D	S
W	G	D	G	U	Č	S	V	S	R	V	T	E	O	A
I	T	K	E	S	N	I	P	I	Đ	A	A	D	Z	R
O	B	L	A	C	I	G	Š	P	Q	N	U	N	E	I
O	E	J	D	V	N	L	L	T	N	J	R	I	M	K
P	R	K	O	R	O	B	L	A	E	E	A	C	C	Č
S	Y	I	R	I	T	Y	K	H	V	O	C	A	I	I
T	A	D	I	J	H	W	V	B	M	T	I	J	W	N
A	O	T	R	E	O	M	M	R	Q	B	J	Z	Y	A
N	F	T	P	D	T	D	J	T	S	P	A	X	L	T
A	F	V	X	N	U	Q	D	D	U	T	W	T	X	O
K	R	G	S	O	A	M	I	L	K	M	A	K	Đ	B
K	G	S	R	A	Z	N	O	L	I	K	O	S	T	I

VODOZEMCI
BOTANIČKI
KLIMA
ZAJEDNICA
RAZNOLIKOST
VRSTA
AUTOHTONI
INSEKTI
DŽUNGLA
SISARI
MOSS
PRIRODA
OBLACI
PTICE
VRIJEDNO
OČUVANJE
UTOČIŠTE
RESTAURACIJA
OPSTANAK

67 - Insectes

M	N	V	U	I	O	E	E	W	D	Q	Q	F	V	F
P	Č	E	L	A	A	B	C	L	R	I	T	P	E	L
L	Z	Đ	J	M	Z	U	T	Q	A	Đ	S	K	F	Đ
C	O	I	E	L	Đ	B	C	W	G	X	K	O	S	A
D	S	C	B	P	Š	A	Q	A	O	W	A	M	G	Z
D	V	Y	U	C	K	R	S	R	N	Y	K	A	Z	V
S	Q	P	S	S	Q	N	T	E	F	P	A	R	A	Đ
V	D	V	H	Đ	T	F	S	S	L	Z	V	A	L	Q
C	I	C	A	D	A	A	N	T	Y	I	A	C	A	X
T	H	M	U	E	E	H	N	Z	A	Q	C	T	R	N
I	P	L	X	P	H	Q	U	A	R	A	B	I	V	L
M	A	N	T	I	S	G	U	B	Y	D	A	L	A	U
R	W	A	S	P	C	N	W	D	M	L	J	Q	I	H
E	H	R	D	B	R	A	B	A	V	Š	A	B	U	B
T	Y	G	L	Đ	V	T	K	Z	N	E	S	C	R	O

PČELA
BUBAŠVABA
CICADA
LADYBUG
LOCUST
ANT
STRŠLJEN
WASP
LARVA
DRAGONFLY
MANTIS
GNAT
KOMARAC
LEPTIR
BUHA
APHID
SKAKAVAC
BUBA
TERMIT
CRV

68 - Ferme #1

S	A	P	V	R	K	Đ	D	F	O	K	V	Đ	G	Q
I	P	I	Q	M	P	N	B	L	W	O	R	K	Đ	L
J	O	Đ	H	E	J	L	O	P	P	K	A	Ž	I	R
E	L	Đ	W	D	N	K	N	Z	U	O	N	W	L	V
N	J	X	L	Q	O	Z	D	H	I	Š	A	N	T	R
O	O	J	B	U	K	T	E	L	E	B	D	V	X	O
Đ	P	C	A	R	A	G	A	M	M	E	A	Z	Y	C
U	R	U	K	T	Đ	B	Y	V	D	C	R	Z	N	Y
B	I	L	Č	K	O	J	R	E	A	B	G	Q	W	W
R	V	H	A	G	X	Z	X	S	B	J	O	U	L	G
I	R	F	M	C	A	Y	O	R	F	C	H	Đ	S	A
V	E	N	Y	L	N	P	Č	E	L	A	V	A	R	K
O	D	C	Z	O	D	E	U	A	K	K	Z	D	X	K
Đ	A	Đ	V	R	W	U	O	W	O	J	L	O	N	U
Đ	V	K	Đ	Z	G	H	U	J	K	C	X	V	K	J

PČELA
POLJOPRIVREDA
MAGARAC
BIZON
POLJE
MAČKA
KONJ
KOZA
PAS
OGRADA
VRANA
VODA
ĐUBRIVO
SIJENO
MED
KOKOŠ
RIŽA
JATO
KRAVA
TELE

69 - Antarctique

R	O	C	K	Y	Y	Đ	G	F	A	G	X	D	X	D
V	H	R	B	T	K	U	L	V	K	D	R	N	Q	Q
T	O	Q	D	J	N	W	E	J	N	A	V	U	Č	O
W	B	D	E	L	Đ	V	Č	N	C	Đ	F	J	O	G
P	W	C	A	K	T	N	E	N	I	T	N	O	K	E
O	O	A	R	U	T	A	R	E	P	M	E	T	B	O
B	Q	L	A	J	I	C	I	D	E	P	S	K	E	G
L	L	H	U	L	K	V	G	X	Z	A	P	M	Đ	R
A	N	V	Q	O	Đ	C	O	D	S	V	T	I	D	A
C	Y	I	V	Y	T	N	R	T	S	V	I	N	X	F
I	N	Č	U	A	N	O	D	C	I	Y	C	E	B	I
E	J	N	E	Ž	U	R	K	O	V	K	E	R	B	J
M	I	G	R	A	C	I	J	A	J	Q	B	A	A	A
N	V	I	S	T	R	A	Ž	I	V	A	Č	L	Y	R
T	O	P	O	G	R	A	F	I	J	A	G	I	Y	M

BAY
KITOVI
ISTRAŽIVAČ
OČUVANJE
KONTINENT
VODA
OKRUŽENJE
EKSPEDICIJA
GEOGRAFIJA
LED
GLEČERI
MIGRACIJA
MINERALI
OBLACI
PTICE
POLUOTOK
ROCKY
NAUČNI
TEMPERATURA
TOPOGRAFIJA

70 - Professions #2

P	K	O	I	F	O	Z	O	L	I	F	Q	X	X	Đ
E	X	Z	I	G	O	L	O	I	B	U	V	A	X	Z
R	F	U	J	L	E	T	I	M	U	Z	I	T	D	Z
A	G	B	P	L	Đ	Đ	O	A	U	W	N	R	D	B
K	Đ	A	G	V	Đ	P	Z	G	D	M	H	J	C	K
E	W	R	A	L	T	R	V	D	R	O	R	L	P	R
T	U	A	N	O	R	T	S	A	E	A	K	E	W	O
O	F	N	Z	V	Y	A	Y	I	J	H	F	T	W	T
I	V	I	T	K	E	T	E	D	N	I	A	I	O	A
L	L	V	S	L	I	K	A	R	E	R	P	Č	N	R
B	X	O	P	I	L	O	T	S	Ž	U	T	U	F	T
I	T	N	Z	O	O	L	O	G	N	R	N	L	D	S
B	L	I	N	G	V	I	S	T	I	G	B	Y	K	U
V	V	H	I	S	T	R	A	Ž	I	V	A	Č	Q	L
D	L	L	C	Z	B	N	X	P	K	Z	D	D	C	I

ASTRONAUT
BIBLIOTEKAR
BIOLOG
ISTRAŽIVAČ
HIRURG
ZUBAR
DETEKTIV
UČITELJ
ILUSTRATOR
INŽENJER
IZUMITELJ
VRTLAR
NOVINAR
LINGVIST
DOKTOR
SLIKAR
FILOZOF
FOTOGRAF
PILOT
ZOOLOG

71 - Les Abeilles

K	S	E	A	C	I	J	L	A	R	K	X	A	F	Q
E	R	T	R	O	J	I	G	Z	A	X	C	U	Q	S
Z	K	I	A	T	Š	A	B	X	Z	X	V	L	M	R
P	T	K	L	N	L	I	H	O	N	S	I	R	O	K
Y	G	R	N	A	I	I	F	Q	O	J	J	A	S	Z
S	U	N	C	E	B	Š	A	R	L	D	E	M	S	N
O	H	X	E	E	O	Q	T	Đ	I	N	Ć	E	O	S
J	R	D	T	G	R	J	J	E	K	Y	E	T	L	Đ
T	Y	H	J	P	O	U	B	K	O	S	V	S	B	A
E	W	P	Đ	L	M	I	G	J	S	I	I	I	G	K
Đ	A	H	O	V	O	Ć	E	L	T	C	H	S	X	J
T	X	R	C	L	H	X	Đ	I	C	G	T	O	V	I
Z	T	A	R	A	E	L	T	B	N	G	J	K	U	N
C	Z	N	W	R	X	N	A	S	C	P	Q	E	T	V
E	U	A	D	I	M	I	N	S	E	K	T	G	G	M

KRILA
KORISNO
WAX
RAZNOLIKOST
ROJ
EKOSISTEM
BLOSSOM
CVIJEĆE
VOĆE
DIM
STANIŠTE
INSEKT
BAŠTA
MED
HRANA
BILJKE
POLEN
KRALJICA
HIVE
SUNCE

72 - Santé et Bien Être #2

S	H	U	L	K	A	V	A	R	O	P	O	W	P	L
D	E	H	I	D	R	A	C	I	J	A	P	P	F	E
L	Q	R	H	F	A	R	N	G	H	D	L	L	H	E
Đ	O	D	T	Y	Đ	D	N	E	T	E	L	O	G	N
T	N	H	S	S	V	Z	A	T	J	Q	Đ	L	A	E
I	N	F	E	K	C	I	J	A	V	I	I	A	N	R
T	K	N	L	K	A	W	I	Q	I	W	G	C	A	G
E	U	S	O	A	J	R	M	Đ	T	K	R	I	R	I
P	W	R	B	K	I	Z	O	O	A	V	W	N	H	J
A	Z	W	J	I	R	C	T	Q	M	E	P	L	S	A
H	V	Đ	M	T	O	J	A	Q	I	Y	I	O	I	Y
B	L	F	F	E	L	B	N	Đ	N	O	X	B	P	X
T	E	Ž	I	N	A	W	A	M	A	S	A	Ž	A	C
C	W	O	X	E	K	A	L	E	R	G	I	J	A	Đ
V	R	D	D	G	K	R	V	O	O	B	Z	O	F	D

ALERGIJA
ANATOMIJA
APETIT
KALORIJA
TELO
DEHIDRACIJA
ENERGIJA
GENETIKA
BOLNICA
HIGIJENA
INFEKCIJA
BOLEST
MASAŽA
ISHRANA
TEŽINA
OPORAVAK
ZDRAV
KRV
STRES
VITAMIN

73 - Conduite

I	H	G	G	M	U	N	M	M	B	K	Y	P	M	S
D	I	N	O	T	W	N	G	A	R	A	Ž	A	E	I
J	A	Ć	A	R	B	O	A	S	G	O	Z	E	I	G
Z	X	Z	A	O	I	Y	Đ	M	L	E	T	W	Z	U
K	M	L	O	Z	M	V	E	C	I	N	Č	O	K	R
P	J	E	Š	A	K	Đ	O	A	C	X	Y	B	M	N
G	Y	N	J	G	T	S	W	U	E	M	A	P	A	O
G	H	U	J	Y	U	S	U	T	N	S	J	O	M	S
Z	W	T	F	F	S	A	E	O	C	K	I	P	O	T
K	D	V	L	Đ	E	G	N	C	A	A	C	A	T	K
N	E	S	R	E	Ć	A	Y	W	M	M	I	S	O	Đ
B	U	G	Đ	L	G	L	Đ	D	R	I	L	N	C	O
B	R	Z	I	N	A	V	Đ	B	N	O	O	O	I	Y
H	W	J	W	U	G	Y	I	R	K	N	P	S	K	Q
T	R	A	N	S	P	O	R	T	Q	R	O	T	L	X

NESREĆA
KAMION
GORIVO
MAPA
OPASNOST
KOČNICE
GARAŽA
GAS
LICENCA
MOTOR
MOTOCIKL
PJEŠAK
POLICIJA
CESTA
SIGURNOST
SAOBRAĆAJ
TRANSPORT
TUNEL
BRZINA
AUTO

74 - Plantes

J	I	B	I	L	Đ	T	D	B	T	V	J	L	B	Đ
J	Z	E	P	A	B	R	M	R	G	R	A	H	L	U
R	H	R	Q	T	O	A	P	I	V	T	X	D	G	B
T	P	R	Y	I	T	V	L	D	U	O	E	C	B	R
D	G	Y	K	C	M	A	A	D	G	O	B	X	J	I
M	R	J	N	A	K	M	Z	O	Y	Đ	C	I	D	V
O	O	R	M	V	A	R	M	E	H	M	P	A	W	O
S	W	O	B	H	K	A	L	A	C	V	I	J	E	T
S	W	O	O	M	T	J	Q	Z	D	Đ	L	A	Ć	M
U	N	T	T	Y	U	A	F	R	W	U	W	Y	Š	P
B	T	S	A	L	S	F	A	L	L	Q	M	Š	I	Y
M	L	I	N	B	A	Š	T	A	O	F	R	U	L	F
A	M	F	I	X	E	Đ	S	R	W	R	C	M	V	T
B	I	G	K	B	R	Š	L	J	A	N	A	A	D	X
L	R	Q	A	V	E	G	E	T	A	C	I	J	A	Đ

DRVO
BERRY
BAMBUS
BOTANIKA
GRM
KAKTUS
ĐUBRIVO
LIŠĆE
CVIJET
FLORA
ŠUMA
GROW
GRAH
TRAVA
BAŠTA
BRŠLJAN
MOSS
LATICA
ROOT
VEGETACIJA

75 - Ferme #2

E	H	O	I	I	Q	C	P	P	X	F	B	Q	N	P
C	F	Q	M	F	P	A	X	O	M	Z	A	G	A	A
Ž	I	V	O	T	I	N	J	E	V	U	R	Y	V	S
X	L	F	A	R	M	E	R	R	K	R	N	Z	O	T
K	L	M	C	C	U	O	L	X	O	U	Ć	M	D	I
Đ	A	M	L	I	V	A	D	A	Š	K	B	E	N	R
Y	M	C	L	Q	U	X	V	N	N	U	H	C	J	O
A	A	K	I	I	O	X	E	A	I	K	U	V	A	T
Q	K	U	B	N	J	H	D	R	C	M	W	O	V	K
G	T	C	W	G	E	E	T	H	A	F	J	Q	A	A
J	A	M	B	B	S	Š	K	J	J	Y	E	P	N	R
T	P	D	V	C	P	P	P	O	Q	V	Č	W	J	T
Y	Đ	I	O	V	O	Ć	N	J	A	K	A	B	E	B
U	C	I	Ć	T	E	W	U	Z	S	C	M	A	R	B
O	V	N	E	D	G	W	T	T	B	S	Y	N	R	D

JAMB
FARMER
ŽIVOTINJE
PASTIR
PŠENICA
PATKA
VOĆE
BARN
NAVODNJAVANJE
MLIJEKO

LLAMA
POVRĆE
KUKURUZ
OVCE
HRANA
JEČAM
LIVADA
KOŠNICA
TRAKTOR
VOĆNJAK

76 - Vacances #2

R	I	E	B	L	Š	S	J	D	O	Z	A	R	P	U
M	E	E	J	N	A	V	O	T	U	P	E	E	C	Y
Z	D	Z	H	P	T	E	O	L	L	H	R	S	P	L
R	G	H	E	N	O	E	M	Z	H	O	O	T	A	K
N	K	G	A	R	R	J	Z	Đ	K	T	D	O	S	S
Z	R	R	P	I	V	N	S	W	Z	E	R	R	O	L
V	I	S	A	D	N	A	L	S	I	L	O	A	Š	I
Z	N	S	M	P	H	R	C	A	V	Y	M	N	O	K
N	A	V	K	B	I	I	R	I	P	G	K	X	H	E
K	R	A	Ž	A	L	P	T	X	J	N	M	S	A	W
Y	T	W	A	P	T	M	P	N	V	E	F	A	A	A
Y	S	M	O	R	E	A	L	E	I	S	U	R	E	H
K	J	L	W	A	Z	K	E	T	L	J	J	J	U	T
O	D	R	E	D	I	Š	T	E	N	Đ	S	N	T	D
T	R	A	N	S	P	O	R	T	N	M	K	O	W	W

AERODROM
KAMPIRANJE
MAPA
ODREDIŠTE
STRANI
HOTEL
ISLAND
LEISURE
MORE
PASOŠ
SLIKE
PLAŽA
RESTORAN
REZERVACIJE
TAKSI
ŠATOR
VOZ
TRANSPORT
VISA
PUTOVANJE

77 - Temps

T	I	P	R	J	S	A	D	A	Đ	O	Y	M	M	K
D	E	R	Y	U	C	I	M	D	E	S	R	C	I	A
A	G	I	M	T	S	O	N	Ć	U	D	U	B	N	L
T	M	J	R	R	A	Y	P	G	Đ	H	T	E	U	E
Y	J	E	X	O	N	S	Z	O	N	X	N	H	T	N
L	E	Č	C	R	A	Đ	T	O	S	J	E	L	A	D
Đ	S	U	O	O	D	N	A	J	M	L	C	S	J	A
K	E	J	H	K	E	R	S	E	L	A	I	A	I	R
B	C	C	D	S	D	J	W	V	G	V	J	J	N	X
Z	H	X	L	U	C	B	B	T	J	Y	N	V	E	W
P	Ć	V	G	E	R	T	E	I	X	Z	Š	N	C	Z
C	O	P	S	Z	D	I	K	T	G	Y	I	Z	E	W
Z	N	D	I	N	F	C	F	P	I	V	D	W	D	H
G	A	A	N	I	D	O	G	I	O	A	O	D	F	E
O	D	J	M	E	O	I	N	Z	T	Y	G	X	R	H

GODINA
GODIŠNJI
POSLIJE
DANAS
PRIJE
USKORO
KALENDAR
DECENIJA
BUDUĆNOST
SAT
JUČE
DAN
SADA
JUTRO
PODNE
MINUTA
MJESEC
NOĆ
SEDMICU
CENTURY

78 - Maison

O	K	A	M	I	N	P	D	K	M	E	T	L	A	B
G	X	D	Z	E	R	L	A	L	P	L	S	T	T	I
L	V	N	A	U	Đ	A	T	J	C	E	R	Đ	Š	B
E	C	H	V	A	U	F	A	U	N	H	G	G	A	L
D	I	Z	J	T	H	O	R	Č	H	I	J	S	B	I
A	T	F	E	N	U	N	V	E	D	P	H	W	Q	O
L	U	X	S	T	Y	J	N	V	Q	E	G	U	B	T
O	Š	M	E	I	A	F	A	E	R	T	N	M	K	E
S	W	Y	F	H	I	M	U	F	U	Đ	P	O	G	K
Y	A	P	M	A	L	Z	E	C	Đ	W	R	R	L	A
Z	Ž	K	R	O	V	B	C	J	K	S	O	Z	K	D
T	A	V	A	N	T	H	K	K	P	X	Z	W	Y	A
I	R	B	O	W	C	N	D	B	K	P	O	Q	J	R
G	A	B	O	Y	T	B	W	H	C	O	R	K	S	G
F	G	W	C	S	B	G	Đ	Y	V	O	X	U	B	O

METLA
BIBLIOTEKA
SOBA
KAMIN
KLJUČEVE
OGRADA
KUHINJA
TUŠ
PROZOR
GARAŽA
TAVAN
BAŠTA
LAMPA
OGLEDALO
ZID
PLAFON
VRATA
ZAVJESE
TEPIH
KROV

79 - Légumes

Č	S	V	L	R	I	X	X	L	T	D	F	L	G	R
Q	E	K	F	Đ	G	J	N	F	U	X	V	G	R	O
P	A	Š	D	Z	T	J	S	S	U	K	L	I	A	T
Z	R	P	N	Z	K	W	L	X	B	J	R	N	Š	K
L	T	Đ	A	J	K	M	J	P	R	F	L	G	A	V
M	I	S	Ž	A	A	P	E	R	O	Đ	J	E	K	I
R	Č	A	D	D	V	K	Š	E	K	T	K	R	H	C
K	O	L	I	A	I	L	P	L	U	O	I	D	M	A
V	K	A	L	R	J	P	I	E	L	L	N	K	X	J
A	A	T	T	A	L	A	N	C	A	L	M	F	V	F
F	E	A	A	P	G	V	A	N	N	A	X	N	V	A
X	V	K	P	U	C	Đ	T	Y	Đ	H	R	W	L	Z
Y	N	Đ	Q	C	O	L	I	V	E	S	A	F	U	B
K	R	A	S	T	A	V	A	C	P	E	R	Š	U	N
Z	J	K	W	O	R	Y	O	V	Z	G	D	S	I	B

ČEŠNJAK
ARTIČOKA
PATLIDŽAN
BROKULA
MRKVA
CELER
GLJIVA
TIKVA
KRASTAVAC
SHALLOT
ŠPINAT
GINGER
REPA
LUK
OLIVE
PERŠUN
GRAŠAK
ROTKVICA
SALATA
PARADAJZ

80 - Plage

G	Š	O	G	W	U	K	B	Y	V	I	G	K	O	D
R	K	D	C	K	G	N	D	N	A	L	S	I	T	K
E	O	D	K	E	Đ	R	C	Y	L	E	L	Š	U	X
B	L	J	H	O	A	N	U	G	A	L	J	O	T	J
E	J	Đ	Đ	V	L	N	T	U	B	I	B	B	Y	T
N	K	A	S	E	J	I	P	Z	O	B	Đ	R	G	N
O	E	M	T	Q	T	S	S	U	N	C	E	A	E	K
S	R	U	I	S	A	A	T	V	T	Đ	F	N	L	S
I	O	D	A	L	Q	N	K	X	M	Z	D	R	Y	G
A	M	O	D	N	J	D	I	J	Q	Q	Y	U	L	P
R	C	U	D	A	J	A	H	V	W	A	U	E	Z	L
B	O	A	T	M	N	L	C	I	Đ	I	R	I	L	A
L	S	O	F	A	O	E	P	Q	F	C	O	A	L	V
M	S	T	E	V	N	R	R	U	Č	N	I	K	K	A
J	Đ	Đ	H	B	B	J	E	D	R	I	L	I	C	A

BOAT
PLAVA
ŠKOLJKE
OBALA
RAK
DOK
ISLAND
LAGUNA
MORE
OCEAN
KIŠOBRAN
GREBEN
PIJESAK
SANDALE
RUČNIK
SUNCE
ODMOR
JEDRILICA

81 - Famille

K	O	P	G	M	Z	E	A	S	Y	I	P	T	U	B
E	S	R	E	A	F	P	P	Đ	J	Z	O	D	U	E
G	U	R	P	U	S	B	D	J	Y	U	N	S	W	U
Y	N	O	K	D	U	M	A	K	R	E	Ć	K	E	P
X	Đ	Đ	D	Đ	J	W	N	K	A	J	U	X	C	A
C	M	A	R	T	S	E	S	E	A	N	E	Ć	A	K
D	Đ	K	J	V	C	S	D	D	H	P	W	V	T	T
M	A	J	Č	I	N	S	K	A	I	D	E	E	O	E
E	M	D	J	E	T	I	N	J	E	J	G	G	K	T
L	S	X	K	A	Y	B	L	A	N	R	E	T	A	P
E	G	Z	C	C	O	H	U	L	V	Z	T	T	D	P
S	U	P	R	U	G	A	J	N	I	K	A	Ć	E	N
M	A	J	K	A	C	E	J	D	J	Z	R	T	R	X
M	S	Z	M	G	Z	E	S	B	N	B	B	J	P	Z
R	J	F	K	W	F	N	H	X	L	B	R	T	Đ	S

PREDAK
ROĐAK
DJETINJE
DIJETE
DJECA
SUPRUGA
KĆERKA
BRATE
BAKA
DJED
SUPRUG
MAJČINSKA
MAJKA
NEĆAK
NEĆAKINJA
UJAK
PATERNAL
OTAC
SESTRA
TETKA

82 - Oiseaux

H	N	Đ	O	Y	K	B	H	E	R	O	N	D	P	K
R	B	F	L	L	U	G	Q	J	F	A	A	O	I	Đ
R	H	W	B	J	K	L	P	A	H	R	K	V	N	W
A	W	O	R	R	A	P	S	J	G	O	I	E	G	D
A	K	T	A	P	V	K	L	B	M	Y	L	D	V	R
D	O	B	F	A	I	O	S	D	Đ	H	E	E	I	J
O	K	X	T	P	C	P	X	U	D	U	P	K	N	V
R	O	A	B	A	A	Z	I	B	G	V	R	A	N	A
P	Š	P	R	G	W	Z	F	A	G	Đ	V	M	L	M
Q	A	H	L	A	W	M	R	L	Q	O	F	E	A	R
I	E	U	J	J	A	C	I	P	B	B	L	L	A	C
D	P	A	N	O	H	N	L	Q	B	I	Y	U	U	T
B	J	Y	P	N	T	O	U	C	A	N	U	V	B	M
T	Z	D	O	Đ	J	Z	Y	H	W	H	Q	H	Q	Q
C	E	M	U	H	I	Z	J	S	S	W	M	E	R	O

ORAO
NOJ
PATKA
RODA
DOVE
VRANA
KUKAVICA
LABUD
HERON
PINGVIN
SPARROW
GULL
JAJE
GUSKA
PAUN
PAPAGAJ
PELIKAN
GOLUB
KOKOŠ
TOUCAN

83 - Disciplines Scientifiques

A	K	I	T	S	I	V	G	N	I	L	Z	R	Y	D
W	A	J	I	G	O	L	O	E	H	R	A	B	E	W
J	Đ	H	G	O	S	C	Đ	L	X	X	M	W	C	R
A	J	I	G	O	L	O	I	Z	I	F	O	J	F	F
A	T	B	E	A	J	I	G	O	L	O	H	I	S	P
G	E	O	L	O	G	I	J	A	L	F	M	L	I	G
B	V	A	J	I	G	O	L	O	R	O	E	T	E	M
H	I	E	K	O	L	O	G	I	J	A	G	A	I	F
E	C	O	Z	O	O	L	O	G	I	J	A	I	F	P
M	U	I	H	M	E	H	A	N	I	K	A	O	J	G
I	E	T	Q	E	R	B	H	X	K	Q	I	V	E	A
J	K	A	J	I	M	O	T	A	N	A	I	B	R	S
A	X	O	J	A	J	I	M	O	N	O	R	T	S	A
K	I	F	D	L	C	A	J	I	G	O	L	O	I	B
S	L	V	E	A	K	I	N	A	T	O	B	D	T	V

ANATOMIJA
ARHEOLOGIJA
ASTRONOMIJA
BIOHEMIJA
BIOLOGIJA
BOTANIKA
HEMIJA
EKOLOGIJA
GEOLOGIJA
LINGVISTIKA
MEHANIKA
METEOROLOGIJA
FIZIOLOGIJA
PSIHOLOGIJA
SOCIOLOGIJA
ZOOLOGIJA

84 - Maladie

W	I	N	T	R	P	P	H	K	U	O	L	B	S	M
R	E	N	Đ	P	B	Z	A	T	Q	P	T	P	G	B
E	J	L	X	E	P	N	C	T	C	W	A	Q	O	A
S	L	L	L	E	A	K	S	E	O	H	E	L	M	K
P	V	I	H	N	K	O	S	T	I	G	D	Đ	A	T
I	A	K	N	J	E	V	J	O	X	D	E	V	W	E
R	R	S	R	C	E	S	U	N	I	S	K	N	C	R
A	D	T	I	Z	O	U	S	A	V	X	S	R	I	I
T	Z	E	M	S	Z	A	R	A	Z	N	O	L	M	J
O	H	N	O	L	E	T	E	T	I	N	U	M	I	S
R	W	E	R	A	B	M	U	L	N	Y	T	T	D	K
N	U	G	D	B	N	A	S	L	J	E	D	N	O	I
I	F	M	N	T	E	R	A	P	I	J	A	G	D	D
K	A	J	I	T	A	P	O	R	U	E	N	V	H	L
Y	T	W	S	A	L	E	R	G	I	J	E	R	E	U

ALERGIJE
BAKTERIJSKI
WELLNESS
ZARAZNO
TELO
SRCE
SLAB
GENETSKI
NASLJEDNO
IMUNITET
UPALA
LUMBAR
NEUROPATIJA
KOSTI
PATOGENI
RESPIRATORNI
ZDRAVLJE
SINUS
SINDROM
TERAPIJA

85 - Univers

U	J	G	T	D	W	P	W	G	L	T	E	R	M	A
Đ	R	A	D	U	R	F	B	N	A	E	T	O	J	T
D	U	L	G	Ž	Q	X	K	C	T	L	A	T	E	M
C	E	A	I	I	R	B	D	D	I	E	M	A	S	O
R	P	K	D	N	O	F	Đ	S	T	S	A	V	E	S
F	W	S	C	A	N	E	X	P	U	K	S	K	C	F
T	V	I	J	L	D	I	V	L	D	O	B	E	N	E
D	X	J	Z	O	D	I	A	C	E	P	T	Q	A	R
Z	I	A	R	E	F	S	I	M	E	H	G	P	T	A
C	S	O	L	A	R	N	O	O	R	B	I	T	A	M
W	O	G	R	G	D	Q	A	S	T	R	O	N	O	M
O	Đ	S	D	E	S	O	L	S	T	I	C	I	J	L
K	Q	I	M	A	T	N	O	Z	I	R	O	H	U	Đ
A	C	C	H	I	Z	S	T	E	L	R	B	E	Z	H
F	Y	D	P	V	C	P	A	T	U	T	I	W	X	B

ASTEROID
ASTRONOM
ATMOSFERA
NEBO
COSMIC
EKVATOR
GALAKSIJA
HEMISFERA
HORIZONT
LATITUDE
DUŽINA
MJESEC
TAMA
ORBITA
SOLARNO
SOLSTICIJ
TELESKOP
VIDLJIV
ZODIAC

86 - Géographie

M	N	Đ	G	Đ	S	E	K	O	J	F	N	P	P	L
O	G	Y	Z	S	J	I	C	M	C	F	Y	V	W	A
R	R	K	A	V	E	K	T	A	K	E	J	I	R	T
E	A	V	P	I	V	G	J	P	L	J	A	U	U	I
M	R	C	A	J	E	R	J	A	M	U	C	N	B	T
T	E	R	D	E	R	A	Z	Đ	S	G	A	Đ	E	U
E	F	R	E	T	B	D	C	E	A	Z	N	X	Đ	D
R	S	L	I	G	O	R	M	K	L	C	I	U	H	E
I	I	Đ	I	D	I	K	O	N	T	I	N	E	N	T
T	M	C	K	I	I	O	W	J	A	E	A	X	R	H
O	E	Y	H	K	L	J	N	Z	E	M	L	J	A	A
R	H	P	O	Đ	N	M	A	R	P	Đ	P	I	V	B
I	X	K	N	G	W	I	F	N	I	S	L	A	N	D
J	J	F	C	E	V	I	S	I	N	A	H	T	K	T
A	Y	T	D	K	I	Z	F	R	Q	W	Đ	E	E	Z

VISINA
ATLAS
MAPA
KONTINENT
RIJEKA
HEMISFERA
ISLAND
LATITUDE
MORE
MERIDIJAN
SVIJET
PLANINA
SJEVER
OCEAN
ZAPAD
ZEMLJA
REGION
JUG
TERITORIJA
GRAD

87 - Bâtiments

O	Z	I	J	W	E	K	I	C	Y	A	U	G	J	K
X	P	O	K	S	O	I	B	A	C	I	N	L	O	B
F	K	S	X	C	D	X	Z	U	A	T	I	S	P	N
B	N	O	E	S	T	A	N	U	R	O	V	U	O	O
A	A	S	I	R	O	T	A	Š	O	R	E	P	Z	X
Q	U	R	X	E	V	G	D	X	V	A	R	E	O	U
A	G	T	N	P	A	A	Đ	K	D	N	Z	R	R	M
N	M	K	U	P	K	Ž	T	U	Q	J	I	M	I	E
I	S	B	K	B	I	A	L	O	K	Š	T	A	Š	M
B	T	Z	A	A	R	R	E	Y	R	X	E	R	T	U
A	A	N	B	S	B	A	T	C	C	I	T	K	E	Z
K	D	I	L	D	A	G	O	T	U	C	J	E	T	E
E	I	K	P	Q	F	D	H	I	T	W	V	T	H	J
V	O	Y	N	Q	Đ	P	E	S	F	Y	R	V	Đ	G
F	N	L	A	B	O	R	A	T	O	R	I	J	A	Z

AMBASADE
STAN
KABINA
DVORAC
BIOSKOP
ŠKOLA
GARAŽA
BARN
BOLNICA
HOTEL

LABORATORIJA
MUZEJ
OPSERVATORIJ
STADION
SUPERMARKET
ŠATOR
POZORIŠTE
TORANJ
UNIVERZITET
FABRIKA

88 - Activités et Loisirs

K	J	K	U	M	J	E	T	N	O	S	T	T	J	G
B	U	S	U	R	F	A	N	J	E	C	Z	A	V	O
O	Đ	P	L	F	U	D	B	A	L	Z	Z	T	K	L
K	U	Y	O	V	T	S	R	A	L	T	R	V	A	F
S	H	F	B	V	O	L	O	B	I	R	S	E	M	X
T	X	Q	Z	S	I	N	E	T	J	F	S	J	P	P
O	I	N	J	E	J	N	E	J	N	O	R	N	I	O
P	D	X	E	F	I	E	A	S	L	I	K	A	R	P
O	L	B	B	L	B	T	K	U	A	G	F	V	A	O
T	W	I	O	A	O	I	R	R	S	F	D	O	N	B
V	G	U	V	J	H	L	A	W	O	Q	R	T	J	C
T	U	S	C	A	K	N	Š	O	K	I	W	U	E	I
H	I	U	F	S	N	A	O	Y	Y	I	J	P	B	Đ
K	E	E	U	C	K	J	K	C	W	J	M	I	S	N
L	A	X	S	U	H	T	E	O	E	L	X	E	Z	X

KUPOVINA
UMJETNOST
BEJZBOL
KOŠARKA
BOKS
KAMPIRANJE
FUDBAL
GOLF
VRTLARSTVO
PLIVANJE
HOBIJI
SLIKA
RIBOLOV
RONJENJE
SURFANJE
TENIS
ODBOJKA
PUTOVANJE

89 - Livres

F	L	B	E	S	H	K	N	J	I	Ž	E	V	N	O
V	O	U	N	I	L	U	P	S	U	Y	D	M	F	Č
P	P	W	Z	R	G	N	M	R	K	C	L	G	H	I
D	U	A	L	I	T	E	T	O	I	G	J	F	J	T
H	X	K	Q	K	F	U	C	T	R	Č	R	R	W	A
L	V	R	O	S	S	P	Z	U	O	A	A	O	A	Č
B	C	I	X	P	P	T	V	A	T	J	N	M	V	P
D	F	B	T	E	O	S	Đ	R	A	I	J	A	A	O
Z	G	Z	S	G	Y	E	B	F	R	R	Y	N	N	E
Y	Đ	X	K	H	U	K	M	L	A	E	X	A	T	Z
Q	O	R	E	Đ	D	M	X	A	N	S	C	W	U	I
H	I	S	T	O	R	I	J	S	K	I	O	P	R	J
L	D	K	N	S	T	R	A	N	I	C	A	F	A	A
K	S	N	O	N	A	S	I	P	A	N	S	C	O	U
B	B	R	K	I	N	V	E	N	T	I	V	N	O	E

AUTOR
AVANTURA
ZBIRKA
KONTEKST
DUALITET
NAPISANO
EPSKI
PRIČA
HISTORIJSKI
HUMORAN
INVENTIVNO
ČITAČ
KNJIŽEVNO
NARATOR
STRANICA
POEMA
POEZIJA
ROMAN
SERIJA

90 - Pays #2

A	M	N	F	E	A	A	C	F	D	I	O	A	L	H
U	G	A	N	D	A	J	I	N	E	K	T	N	I	Đ
C	L	D	F	U	S	V	T	J	G	J	I	I	B	U
M	Đ	U	W	Y	G	Y	H	L	J	A	A	J	A	Đ
R	U	S	I	J	A	S	U	G	A	P	F	A	N	H
S	O	M	A	L	I	J	A	Q	M	A	W	R	O	P
F	R	A	N	C	U	S	K	A	A	N	I	K	N	Q
P	I	W	U	G	B	I	C	F	J	K	A	U	L	J
A	Đ	R	N	F	Y	U	R	O	K	I	S	K	E	M
K	B	V	S	I	V	W	X	L	A	F	R	H	A	L
I	Đ	K	Q	K	M	P	H	A	E	H	Z	I	K	H
S	C	K	N	L	A	Y	O	O	I	T	F	B	S	H
T	X	M	R	U	N	W	A	S	F	Đ	C	I	O	C
A	I	N	D	O	N	E	Z	I	J	A	Q	K	N	T
N	D	A	N	S	K	A	A	L	B	A	N	I	J	A

ALBANIJA
KINA
DANSKA
FRANCUSKA
HAITI
INDONEZIJA
IRSKA
JAMAJKA
JAPAN
KENIJA

LAOS
LIBANON
MEKSIKO
UGANDA
PAKISTAN
RUSIJA
SOMALIJA
SUDAN
SIRIJA
UKRAJINA

91 - Fournitures d'Art

K	A	M	E	R	A	Q	M	V	Đ	I	H	Đ	C	K
S	J	J	J	A	R	D	D	A	N	I	L	G	S	R
L	U	K	L	Z	X	I	T	Đ	S	D	C	M	R	E
O	J	Đ	U	Č	F	F	S	K	H	T	X	W	A	A
T	C	E	B	A	C	I	L	O	T	S	I	S	A	T
S	L	K	P	S	V	O	D	A	U	O	I	L	K	I
I	D	V	Q	I	C	U	Đ	I	W	W	F	K	O	V
T	J	O	I	R	L	C	P	A	I	E	J	O	B	N
G	I	L	R	B	O	O	J	Đ	F	A	K	Z	T	O
H	Z	O	P	A	S	T	E	L	S	S	A	T	R	S
I	D	E	J	E	P	A	P	I	R	E	K	Z	E	T
W	H	U	U	G	J	T	A	C	V	L	R	N	X	Č
S	H	X	P	E	Z	F	L	Z	U	Q	I	F	Đ	S
T	T	V	W	P	P	J	V	N	M	H	L	E	N	X
Đ	T	W	Q	V	S	V	I	H	I	U	S	W	Y	Q

AKRIL
GLINA
ČETKE
KAMERA
STOLICA
EASEL
LJEPILO
BOJE
OLOVKE
KREATIVNOST
VODA
MASTILO
BRISAČ
ULJE
IDEJE
PAPIR
PASTELS
STOL

92 - Jazz

K	L	H	F	R	N	Q	E	G	D	Y	P	W	V	B
S	O	V	O	N	X	R	O	B	A	A	E	G	C	U
J	L	N	S	X	B	C	E	R	R	A	T	S	J	B
E	O	E	C	E	E	B	T	N	K	R	Đ	D	Y	N
H	S	D	X	E	Y	M	I	A	B	E	G	H	T	J
S	O	V	A	O	R	A	J	Ž	R	D	S	N	U	E
S	T	W	T	V	A	T	S	A	S	G	D	T	L	V
A	J	I	C	A	Z	I	V	O	R	P	M	I	A	I
M	U	B	L	A	A	R	V	R	Đ	S	K	Đ	K	R
P	Č	F	D	K	A	U	M	J	E	T	N	I	K	O
J	U	D	F	I	K	O	M	P	O	Z	I	T	O	R
E	V	X	M	N	I	T	I	R	O	V	A	F	F	M
S	E	C	D	H	Z	O	S	J	N	A	T	W	Đ	D
M	N	G	Y	E	U	H	V	A	R	W	X	V	D	Z
A	A	M	T	T	M	P	L	N	U	K	S	P	B	Z

ALBUM
UMJETNIK
ČUVEN
PJESMA
KOMPOZITOR
SASTAV
KONCERT
FAVORITI
ŽANR
IMPROVIZACIJA
MUZIKA
NOVO
ORKESTAR
RITAM
SOLO
STIL
DAR
BUBNJEVI
TEHNIKA
STAR

93 - Paysages

C	D	R	M	P	P	M	T	R	A	S	P	D	E	W
Y	O	K	O	T	O	U	L	O	P	K	N	D	Đ	I
P	L	W	A	Q	D	Y	S	Đ	A	Q	X	C	R	H
I	I	Q	Đ	X	Z	Y	B	T	N	C	Z	M	N	W
D	N	A	L	S	I	E	H	G	I	Z	Z	X	X	B
V	A	R	D	N	U	T	X	T	Ć	N	B	Y	L	R
H	Ž	R	K	R	B	Z	J	T	E	E	J	R	S	D
O	A	I	A	N	I	N	A	L	P	Đ	B	A	A	O
G	L	Z	J	V	O	A	S	I	S	Z	D	U	N	R
X	P	J	N	Đ	Č	R	I	J	E	K	A	T	T	E
L	P	E	E	V	T	O	G	K	U	R	P	S	A	Z
N	Z	G	D	Q	S	R	M	Z	Q	Y	O	E	L	E
N	W	K	E	R	P	N	T	S	K	R	D	M	E	J
R	Y	X	L	Đ	Y	V	T	B	B	J	O	G	D	A
W	E	L	V	U	L	K	A	N	Đ	L	V	Đ	A	G

VODOPAD
BRDO
PUSTINJA
ESTUARY
RIJEKA
GEJZIR
LEDENJAK
PEĆINA
SANTA LEDA
ISLAND
JEZERO
MOČVARA
MORE
PLANINA
OASIS
POLUOTOK
PLAŽA
TUNDRA
DOLINA
VULKAN

94 - Pays #1

P	N	Y	Y	S	A	M	T	R	A	R	I	L	F	B
J	O	J	G	A	A	V	G	A	R	A	K	I	N	M
P	S	L	E	A	R	Z	I	S	H	Y	K	B	X	M
E	V	M	J	M	P	A	N	A	M	A	N	I	M	L
A	K	P	I	S	A	J	I	N	A	P	Š	J	S	F
F	W	V	W	G	K	Č	M	Y	W	M	B	A	B	C
G	R	W	A	N	R	A	K	Š	E	V	R	O	N	Z
A	U	O	D	D	M	E	T	A	I	U	A	U	Z	C
N	M	W	A	Đ	O	M	A	L	I	Q	Z	Y	Q	Đ
I	U	K	N	E	K	R	I	N	I	P	I	L	I	F
S	N	Q	A	F	I	N	S	K	A	R	L	Đ	B	H
T	I	O	K	O	R	A	M	J	Q	Z	J	X	V	K
A	J	I	D	N	I	V	E	N	E	C	U	E	L	A
N	A	N	I	T	N	E	G	R	A	N	H	X	F	T
Đ	W	E	N	Z	G	V	K	A	F	M	Q	Y	J	L

AFGANISTAN
NJEMAČKA
ARGENTINA
BRAZIL
KANADA
ŠPANIJA
EKVADOR
FINSKA
INDIJA
IZRAEL
LIBIJA
MALI
MAROKO
NIKARAGVA
NORVEŠKA
PANAMA
FILIPINI
POLJSKA
RUMUNIJA
VENECUELA

95 - Nombres

D	V	A	D	E	S	E	T	X	J	D	K	O	G	C
X	C	C	B	L	I	E	H	L	N	B	J	Y	P	G
H	Q	K	O	O	Z	Z	G	S	G	B	K	P	I	Č
P	E	T	A	N	H	X	V	E	P	X	O	D	Y	E
O	Đ	N	K	L	R	M	G	D	L	M	W	E	P	T
P	E	T	N	A	E	S	T	A	U	D	Q	V	D	I
Š	E	S	N	A	E	S	T	M	A	S	O	E	V	R
D	I	N	L	A	M	I	C	E	D	T	A	T	A	I
V	P	M	T	R	I	J	N	V	S	S	Q	N	E	N
A	O	S	A	M	N	A	E	S	T	E	H	A	M	U
N	D	M	J	T	S	E	A	N	M	A	D	E	S	L
A	U	O	L	Š	R	R	Y	D	V	N	K	S	N	A
E	X	I	S	A	E	K	H	Z	C	I	R	T	Z	C
S	X	W	K	L	T	S	E	A	N	R	T	E	Č	K
T	D	E	V	E	T	F	T	S	E	T	J	H	C	K

PET
DVA
DECIMALNI
DESET
OSAMNAEST
DEVETNAEST
SEDAMNAEST
DVANAEST
OSAM
DEVET
ČETRNAEST
ČETIRI
PETNAEST
ŠESNAEST
SEDAM
ŠEST
TRINAEST
TRI
DVADESET
NULA

96 - Psychologie

O	K	U	W	E	N	E	S	V	J	E	S	N	O	P
A	L	A	N	G	P	R	O	B	L	E	M	K	S	R
W	T	F	B	O	K	U	S	W	J	W	E	L	E	O
R	S	D	E	N	L	I	Č	N	O	S	T	I	N	C
M	O	T	E	R	A	P	I	J	A	A	E	N	Z	J
C	N	K	E	B	B	F	U	V	K	T	J	I	A	E
C	R	X	P	J	T	U	O	T	W	Y	N	Č	C	N
S	A	S	T	A	N	A	K	V	I	A	A	K	I	A
T	V	M	D	V	S	I	V	P	L	C	Š	I	J	K
S	T	I	Đ	T	C	N	T	Z	H	H	A	E	A	B
K	S	S	D	S	U	V	O	E	Z	T	N	J	V	Y
E	X	L	J	U	Đ	P	D	V	J	C	O	G	I	G
Z	L	I	E	K	T	G	Y	J	I	D	P	L	Z	S
H	P	B	M	S	P	E	R	C	E	P	C	I	J	A
E	M	O	C	I	J	E	J	E	D	I	A	Z	H	K

KLINIČKI
PONAŠANJE
SUKOB
EGO
DJETINJE
ISKUSTVA
EMOCIJE
PROCJENA
IDEJE
NESVJESNO
UTICAJI
MISLI
PERCEPCIJA
LIČNOST
PROBLEM
SASTANAK
STVARNOST
SNOVI
SENZACIJA
TERAPIJA

97 - Nature

S	X	N	F	C	O	D	A	L	G	A	M	M	Y	P
T	V	P	E	J	N	I	T	O	V	I	Ž	I	N	U
R	U	E	L	A	K	V	O	T	D	N	H	R	V	S
O	E	N	T	J	L	L	P	B	C	O	O	N	Q	T
P	G	E	Q	I	R	J	E	Z	P	B	G	O	B	I
S	E	R	D	Z	Š	I	J	D	K	L	R	F	X	N
K	T	E	S	O	J	T	L	R	Y	A	M	U	Š	J
I	Š	S	P	R	B	Z	E	L	K	C	T	F	G	A
L	I	Š	Ć	E	P	Č	E	L	E	I	L	H	I	S
R	N	P	L	A	N	I	N	E	S	P	T	H	Y	K
I	O	D	I	N	A	M	I	Č	K	I	Q	K	B	D
J	L	J	D	L	H	U	X	C	Q	D	A	O	R	E
E	K	H	K	L	E	D	E	N	J	A	K	F	O	A
K	S	N	H	J	L	S	C	Q	B	Z	S	J	P	S
A	Z	U	Q	D	D	Q	I	W	W	W	G	S	F	Y

PČELE
SKLONIŠTE
ŽIVOTINJE
ARKTIK
LJEPOTA
MAGLA
PUSTINJA
DINAMIČKI
EROZIJA
LIŠĆE
RIJEKA
ŠUMA
LEDENJAK
PLANINE
OBLACI
MIRNO
SVETIŠTE
DIVLJI
SERENE
TROPSKI

98 - Chimie

X	N	T	Q	W	R	N	O	S	Đ	E	K	I	R	C
B	V	V	G	Đ	J	L	Y	S	R	N	A	A	O	N
D	N	M	R	C	Đ	B	C	V	F	Z	T	K	L	N
W	W	O	O	D	I	U	Q	I	L	I	A	I	H	O
K	X	V	Y	P	N	Y	I	V	W	M	L	S	U	R
B	M	L	E	T	R	U	I	Z	B	X	I	E	K	T
A	I	A	R	C	A	L	Q	K	R	M	Z	L	I	K
T	L	F	I	G	E	Y	M	I	S	P	A	I	S	E
E	A	K	I	J	L	G	U	D	A	M	T	N	I	L
Ž	T	P	A	F	K	S	O	O	G	R	O	A	K	E
I	E	G	D	L	U	J	A	V	I	T	R	T	L	R
N	M	F	W	Z	N	M	O	L	E	K	U	L	A	R
A	I	D	L	N	S	A	T	O	L	P	O	T	Y	O
T	E	M	P	E	R	A	T	U	R	A	W	O	J	N
Z	A	V	A	L	X	M	N	X	Y	K	Z	X	T	L

KISELINA
ALKALNA
ATOMSKI
UGLJIK
KATALIZATOR
TOPLOTA
HLOR
ENZIM
ELEKTRON
GAS
VODIK
ION
LIQUID
METALI
MOLEKULA
NUKLEARNI
KISIK
TEŽINA
SO
TEMPERATURA

99 - Bateaux

T	N	B	P	D	X	E	Z	Y	E	V	Đ	T	R	Z
R	A	Y	O	U	B	T	M	I	B	D	Đ	J	O	D
A	U	I	S	X	N	A	K	E	J	I	R	A	C	K
J	T	V	A	D	C	L	A	D	K	O	W	R	E	A
E	I	H	D	F	U	A	G	C	T	F	R	B	A	N
K	Č	V	A	L	P	S	P	L	I	M	A	O	N	U
T	K	M	Q	J	J	I	J	O	K	E	U	L	M	G
O	I	O	L	O	E	U	E	E	M	O	R	E	S	O
T	B	R	X	Đ	D	Y	Ž	L	Z	J	Q	V	E	H
C	N	N	M	O	R	J	H	E	D	E	O	E	V	M
D	F	A	F	U	I	M	Y	B	E	O	R	C	S	O
C	Q	R	D	T	L	D	S	I	D	R	O	O	D	T
Đ	L	O	R	C	I	C	S	F	E	A	R	C	C	O
L	O	W	T	R	C	Đ	S	O	B	F	Y	Z	Đ	R
K	A	J	A	K	A	F	Z	Q	N	G	I	D	K	C

SIDRO
BUOY
KANU
UŽE
POSADA
TRAJEKT
RIJEKA
KAJAK
JEZERO
PLIMA
MORNAR
JARBOL
MORE
MOTOR
NAUTIČKI
OCEAN
SPLAV
TALASI
JEDRILICA
JAHTA

100 - Mesures

K	Z	B	B	Z	B	R	M	C	I	N	K	I	V	E
U	I	R	A	T	E	M	I	T	N	E	C	N	O	W
L	N	L	V	J	T	Q	M	B	K	Q	Q	C	L	P
D	L	Y	O	P	T	M	I	G	Z	I	N	H	U	R
W	A	D	J	G	T	O	N	A	C	N	U	Đ	M	O
I	M	A	R	G	R	E	F	E	R	V	Đ	V	E	J
W	I	E	V	N	E	A	C	Y	W	A	T	L	N	H
D	C	A	A	U	T	N	M	M	I	N	U	T	A	Z
F	E	X	O	S	E	I	V	I	S	I	N	A	A	W
H	D	A	N	M	M	Ž	H	N	I	B	E	R	L	B
V	L	N	W	A	F	U	X	E	F	U	P	E	M	M
M	L	I	D	S	V	D	N	I	Z	D	E	T	J	A
X	F	R	T	S	O	U	Đ	R	A	F	T	Q	J	G
H	E	I	B	A	N	I	Ž	E	T	Q	S	A	X	K
T	L	Š	Q	K	R	A	T	E	M	O	L	I	K	R

CENTIMETAR
STEPEN
DECIMALNI
GRAM
VISINA
KILOGRAM
KILOMETAR
ŠIRINA
LITAR
DUŽINA

MASS
METER
MINUTA
BAJT
UNCA
TEŽINA
INCH
DUBINA
TONA
VOLUME

1 - Adjectifs #2

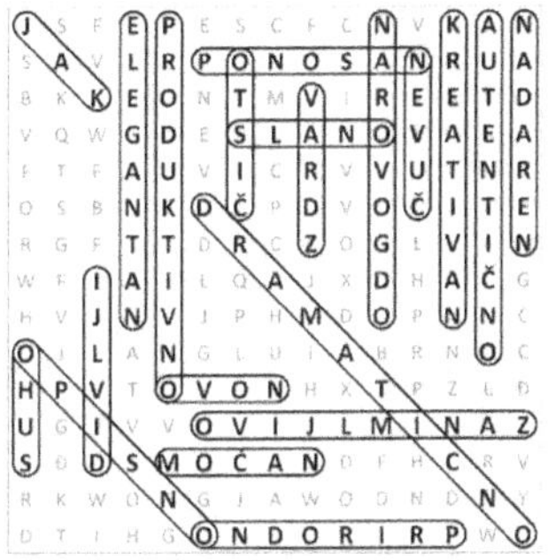

2 - Formes

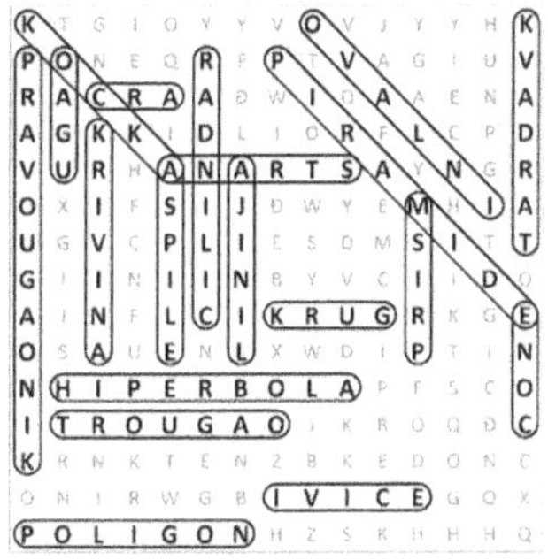

3 - Force et Gravité

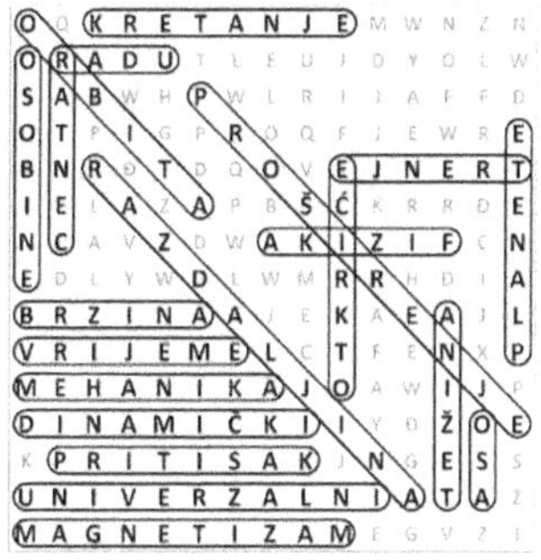

4 - Adjectifs #1

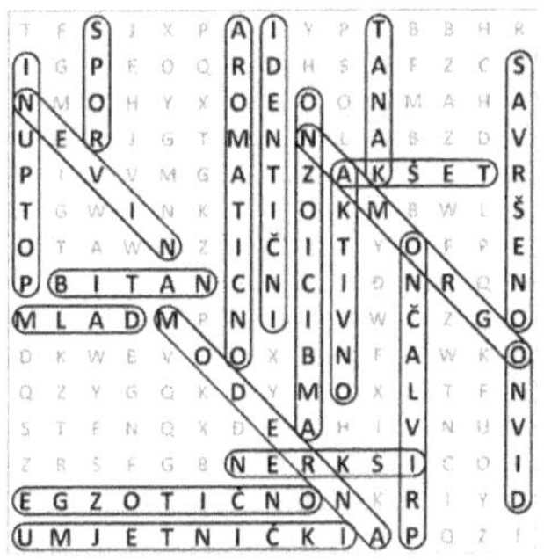

5 - Instruments de Musique

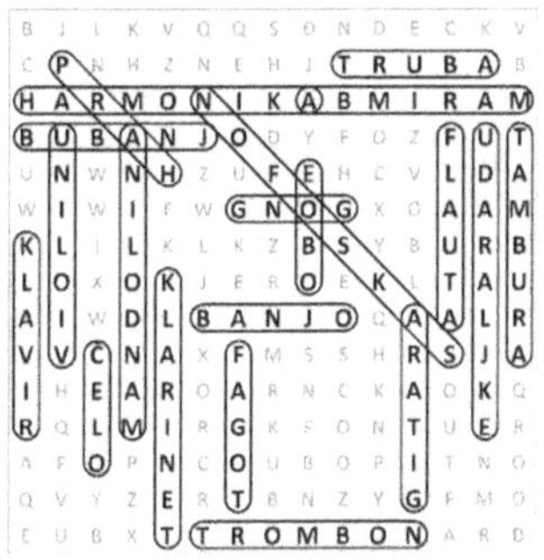

6 - Herboristerie

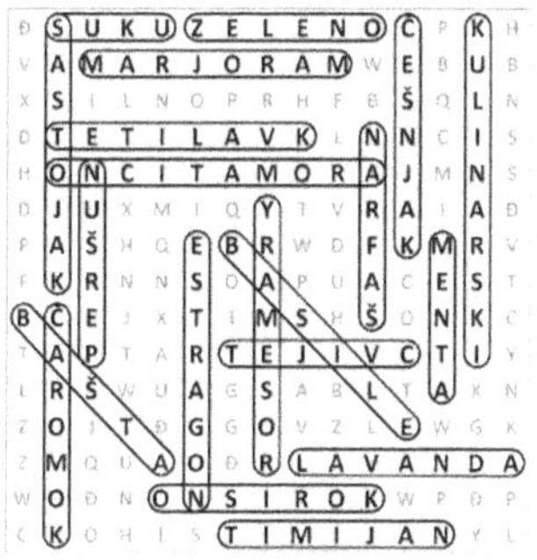

7 - Photographie

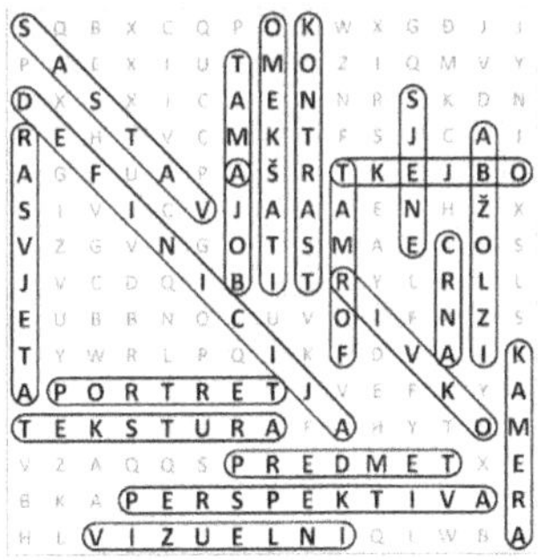

8 - Véhicules

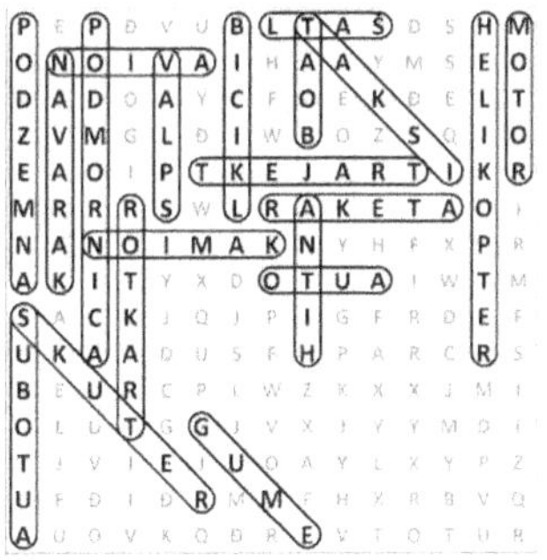

9 - Camping

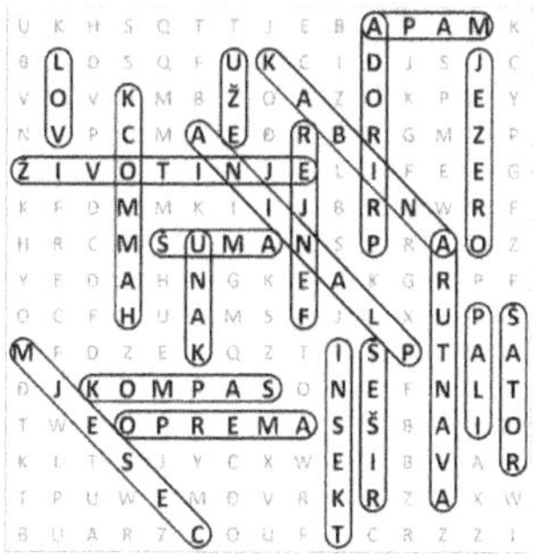

10 - Écologie

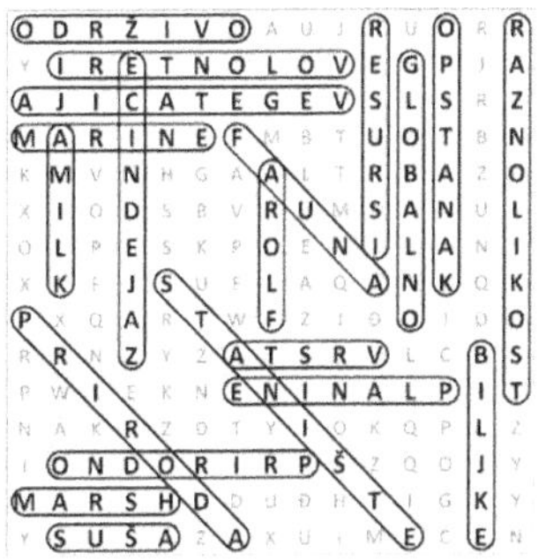

11 - Géométrie

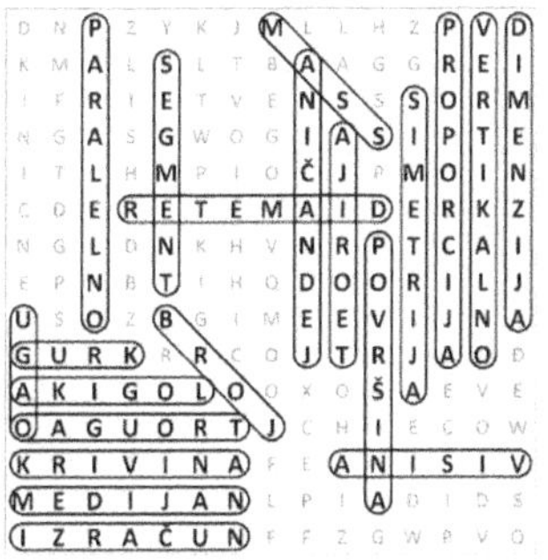

12 - Les Médias

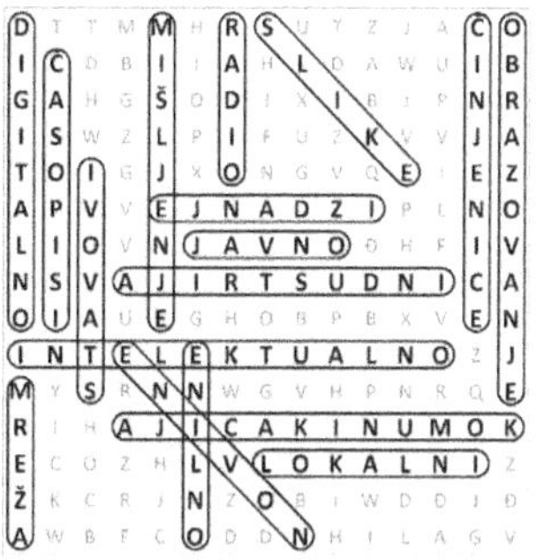

13 - Philanthropie

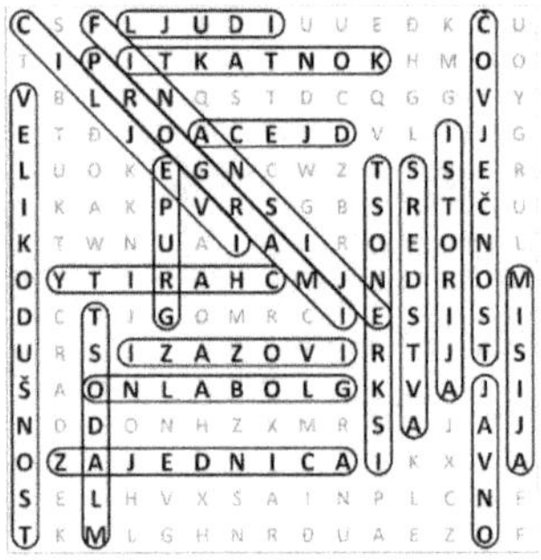

14 - Diplomatie

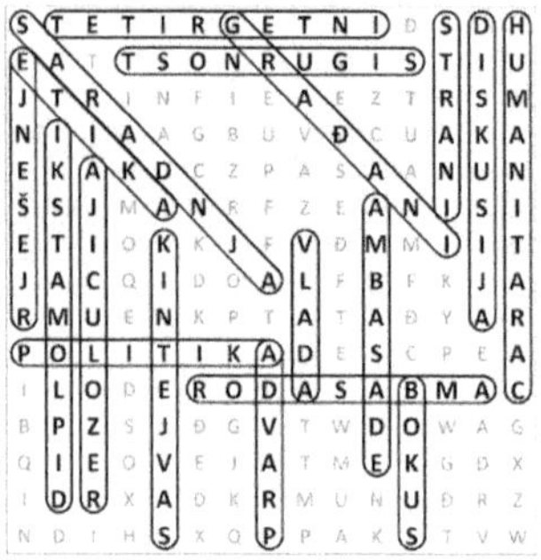

15 - Électricité

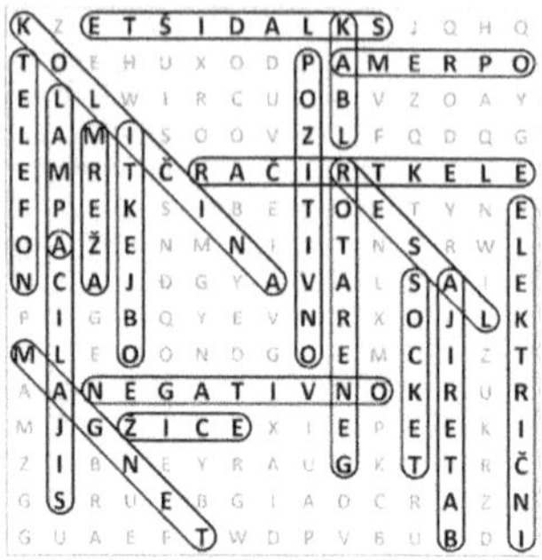

16 - Astronomie

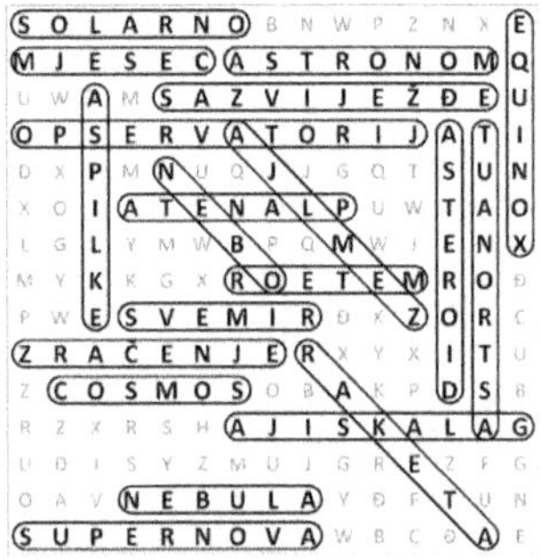

17 - Physique

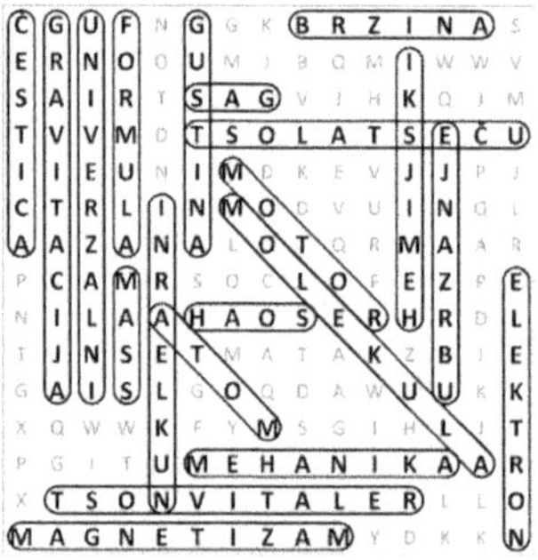

18 - Types de Cheveux

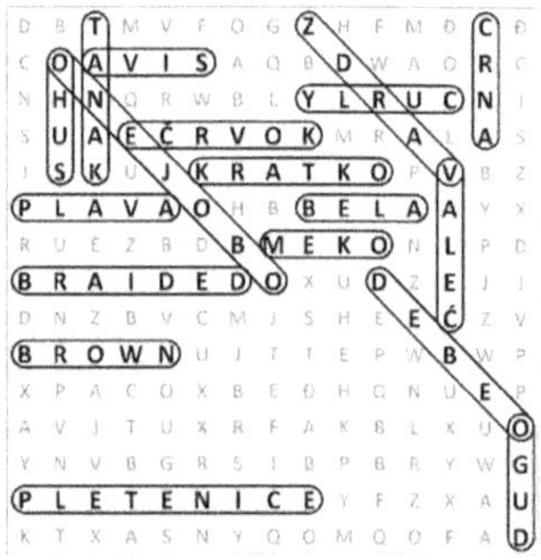

19 - Archéologie

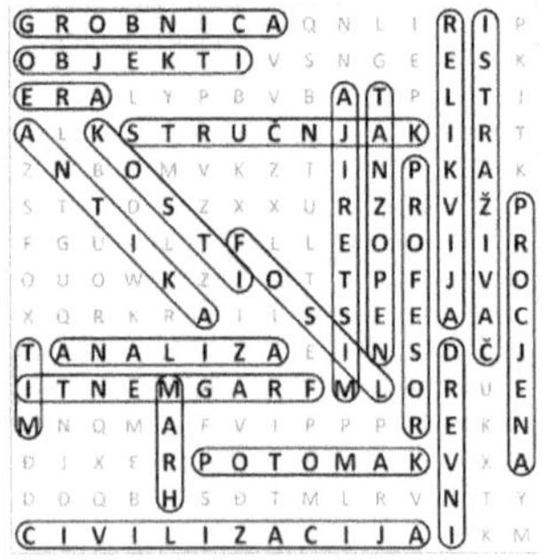

20 - Mammifères

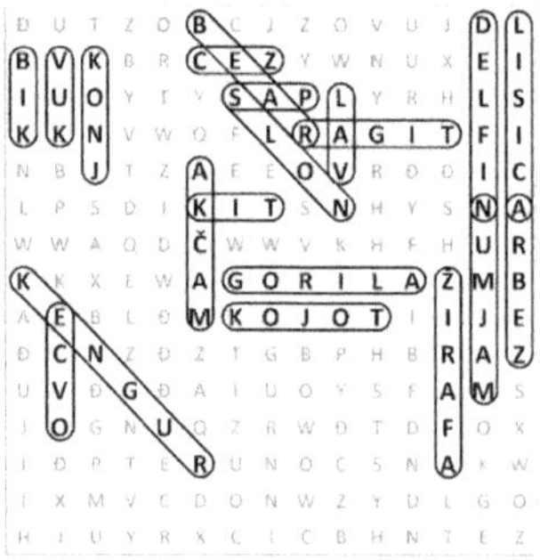

21 - Chocolat

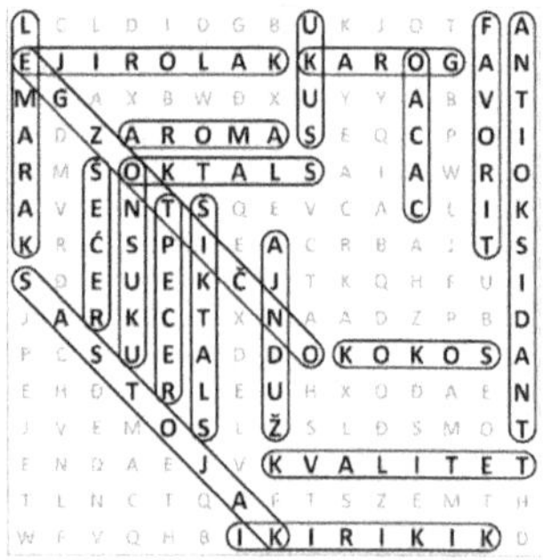

22 - Mathématiques

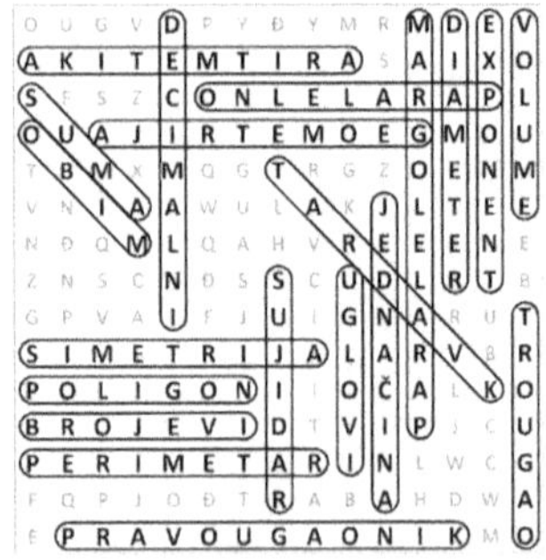

23 - Mythologie

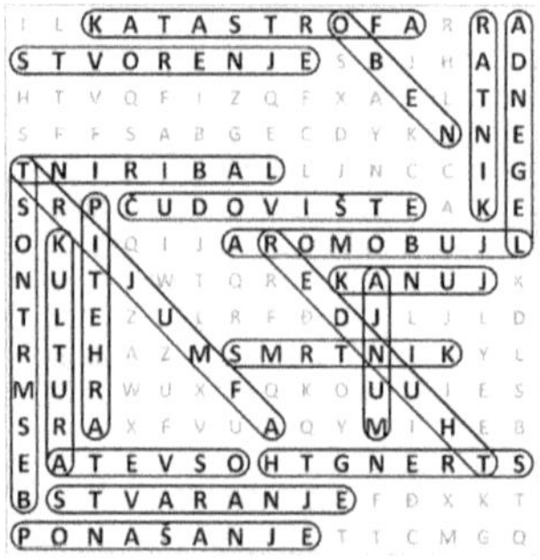

24 - Couleurs

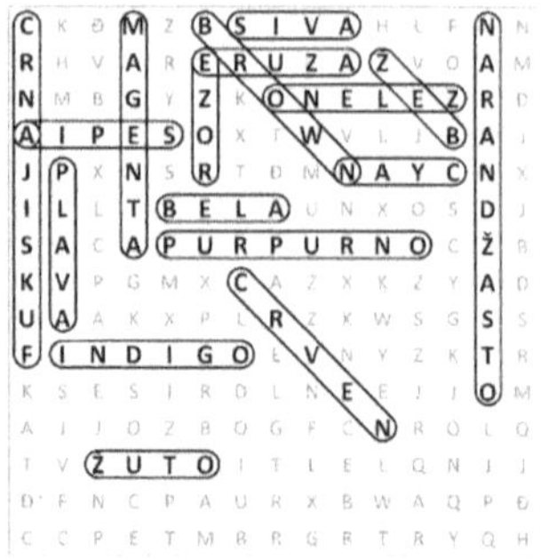

25 - Beauté

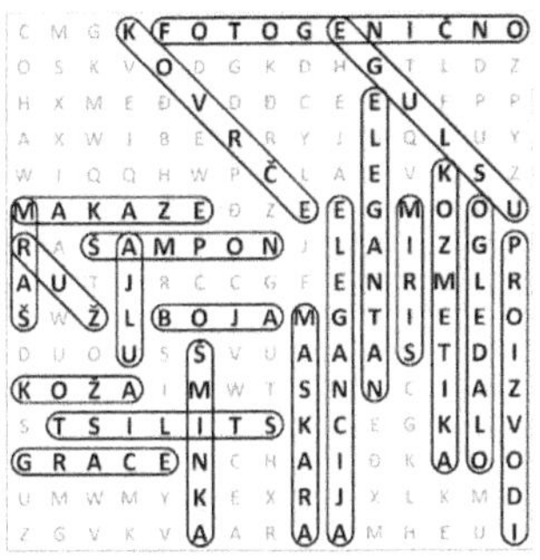

26 - Avions

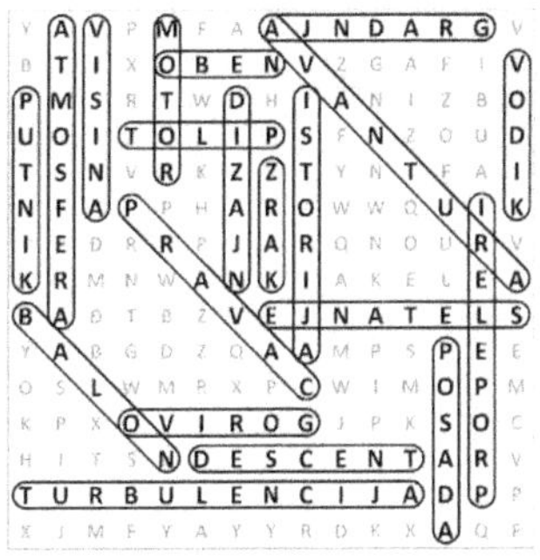

27 - Aventure

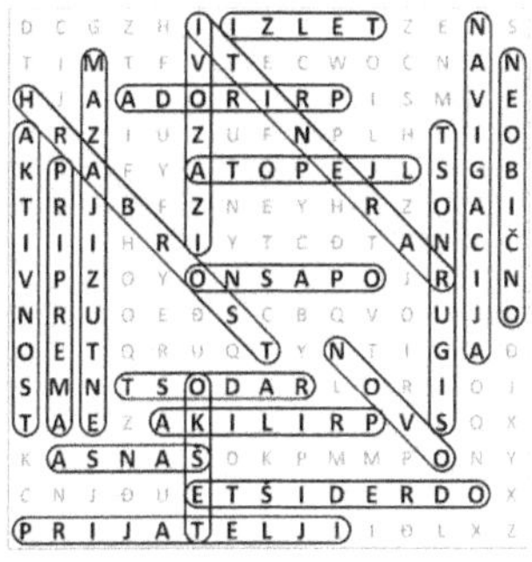

28 - Ville

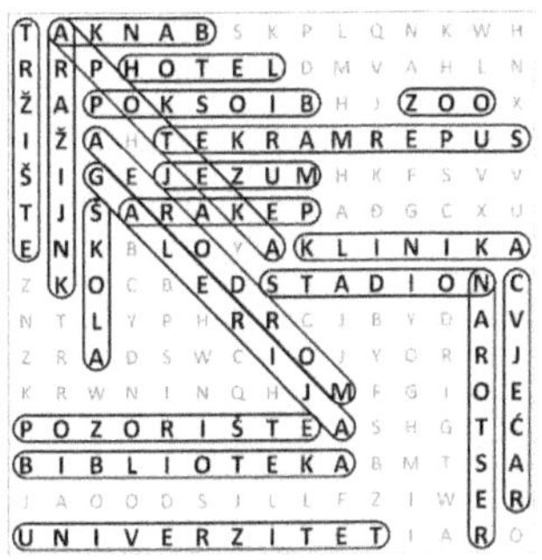

29 - Ingénierie

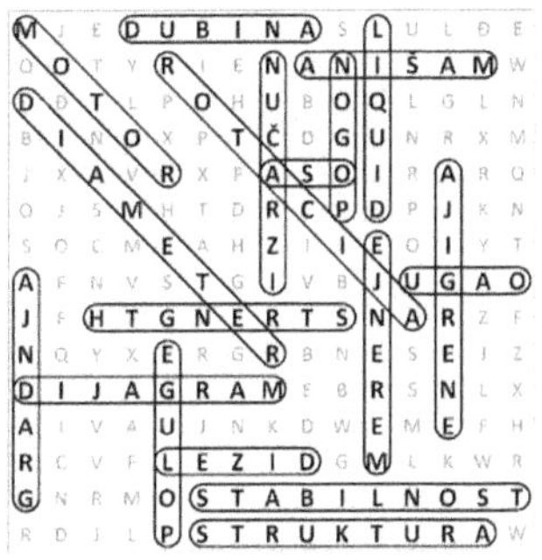

30 - Énergie

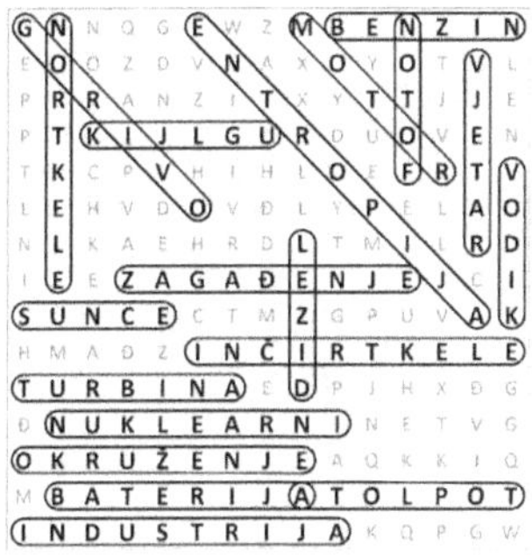

31 - Cuisine

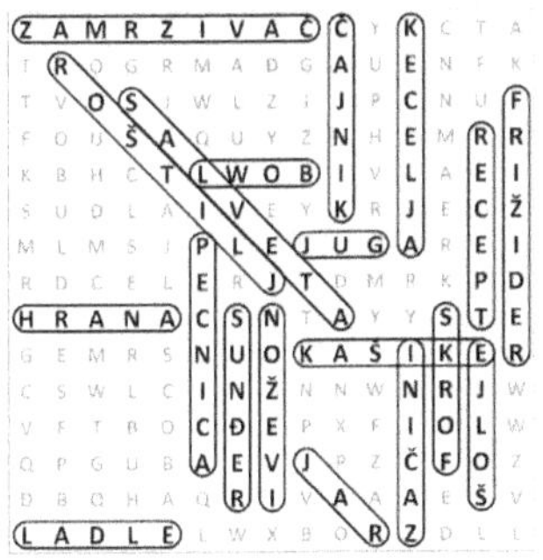

32 - Corps Humain

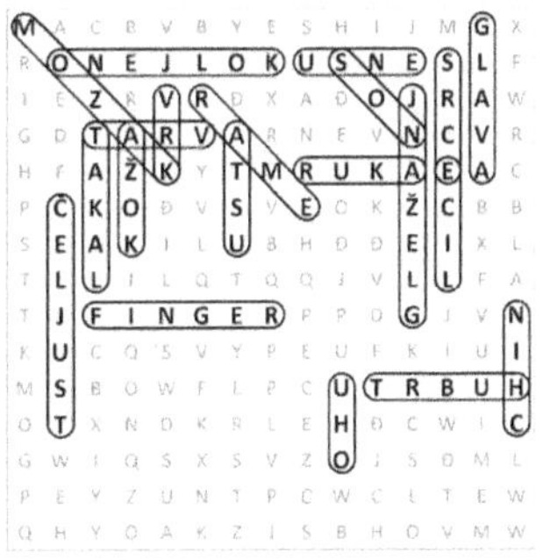

33 - Biologie

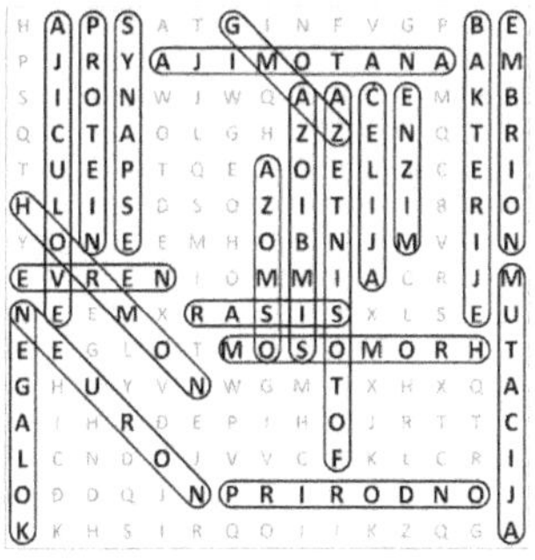

34 - Épices

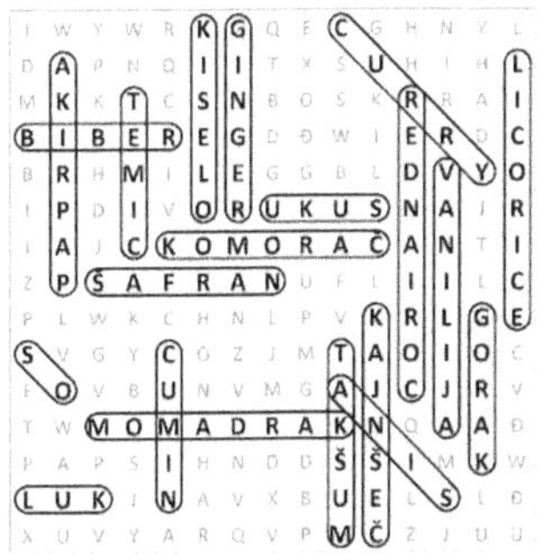

35 - Agronomie

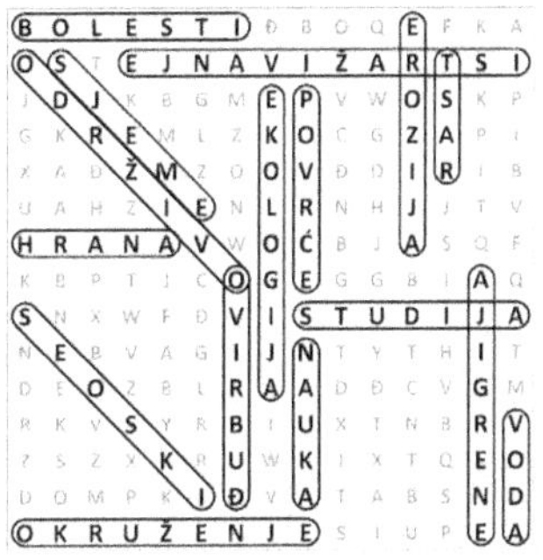

36 - Science

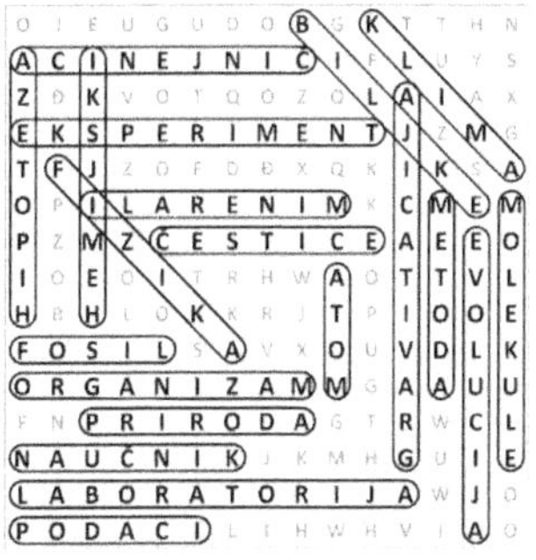

37 - Vêtements

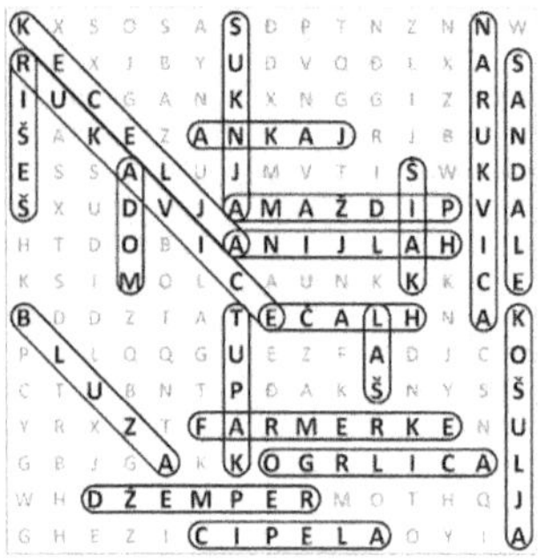

38 - Littérature

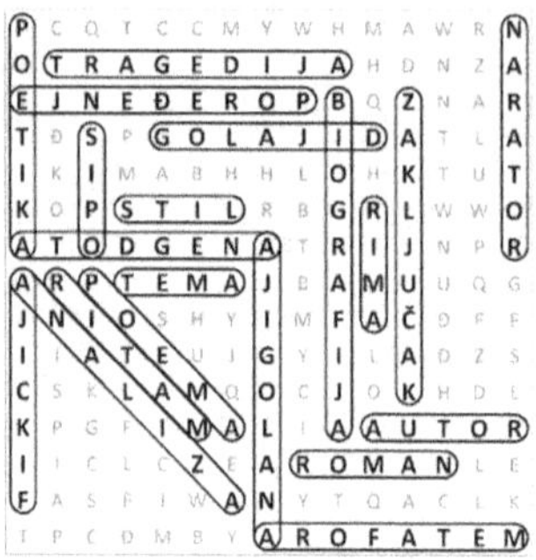

39 - Nourriture #1

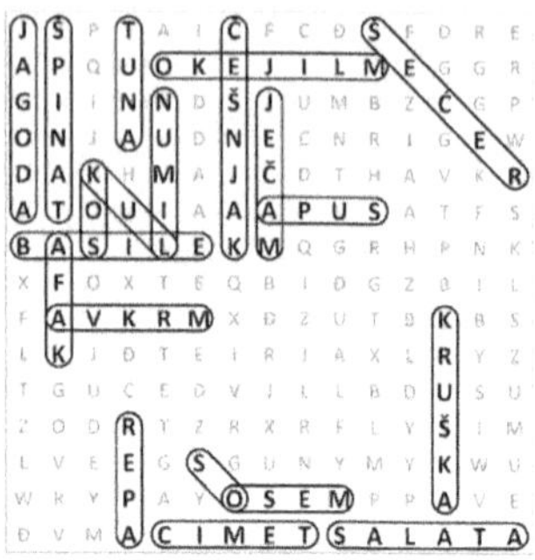

40 - Jours et Mois

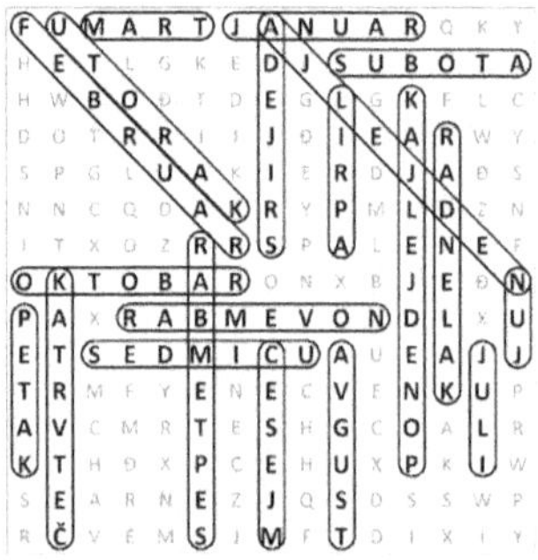

41 - Jardinage

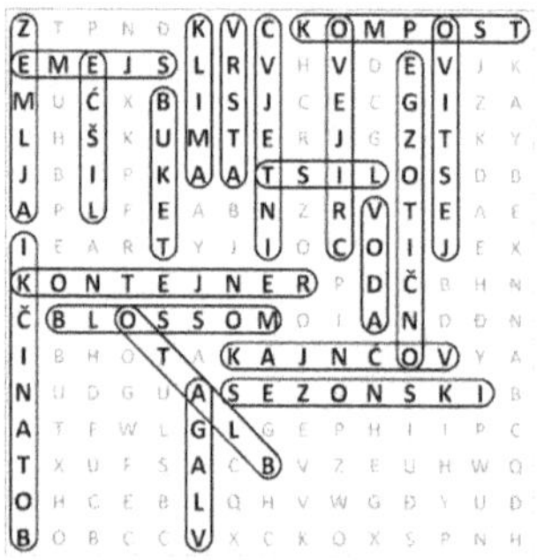

42 - Entreprise

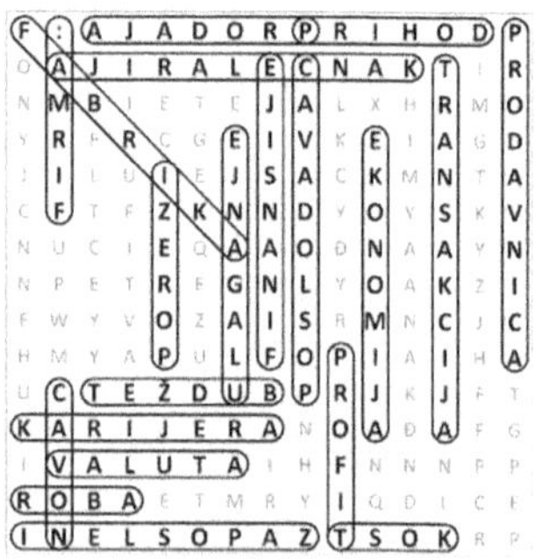

43 - Activités

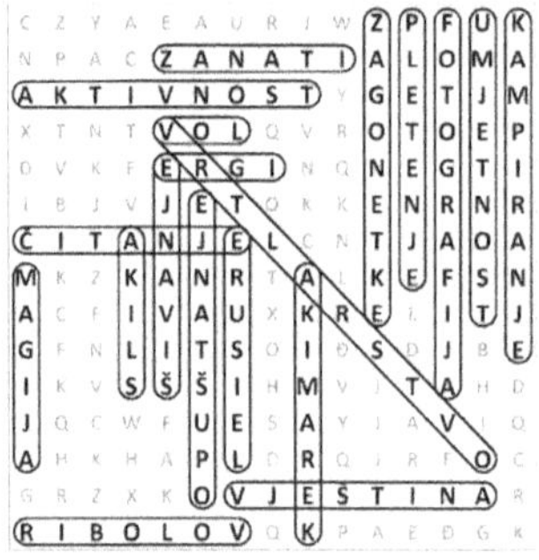

44 - Fleurs

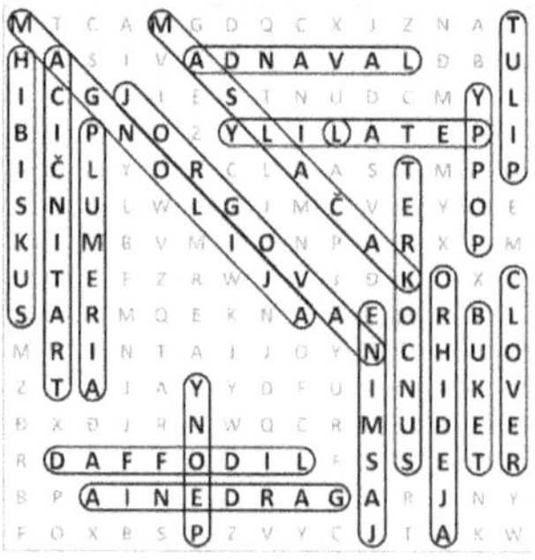

45 - Nourriture #2

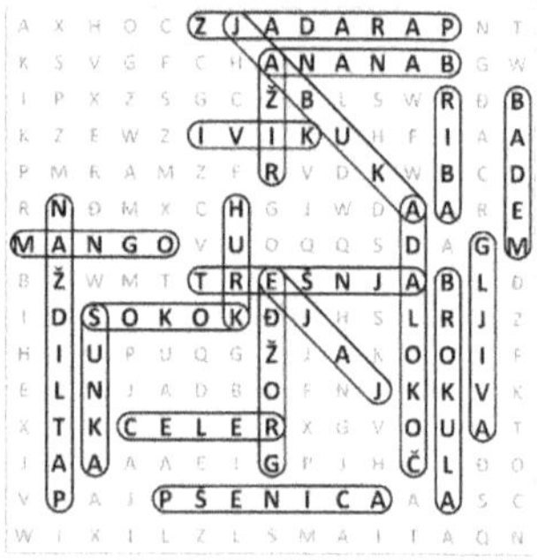

46 - Algèbre

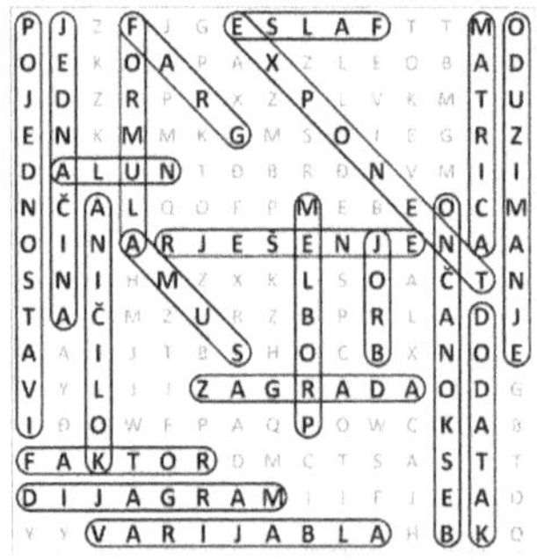

47 - Océan

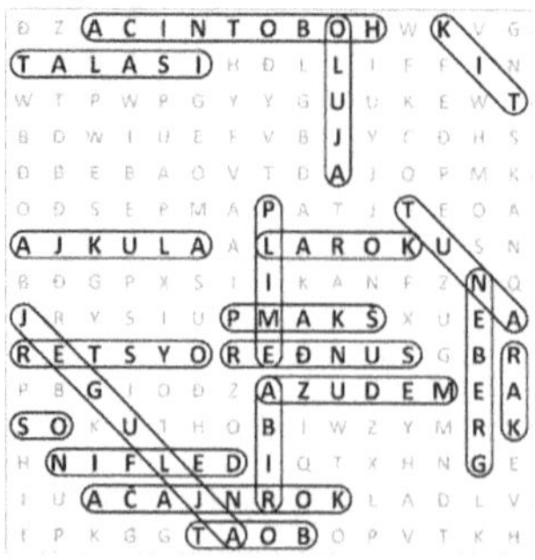

48 - Antiquités

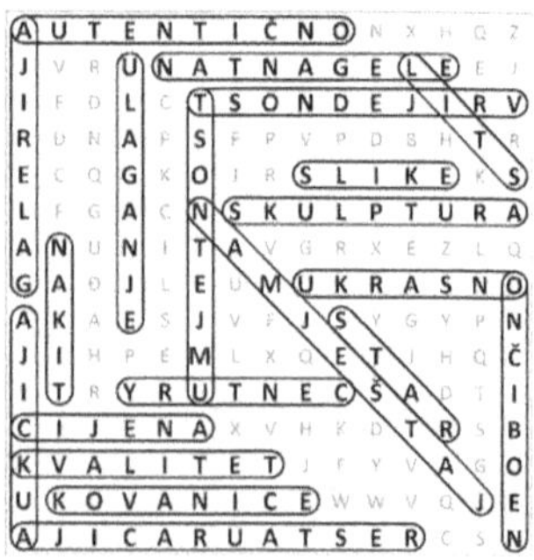

49 - Réchauffement Cli

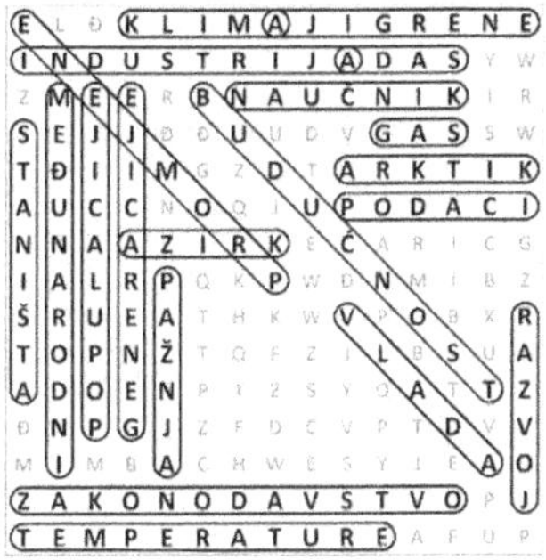

50 - Ballet

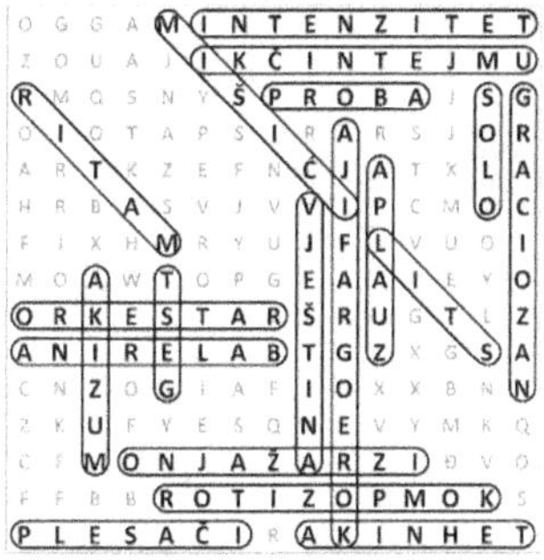

51 - Fruit

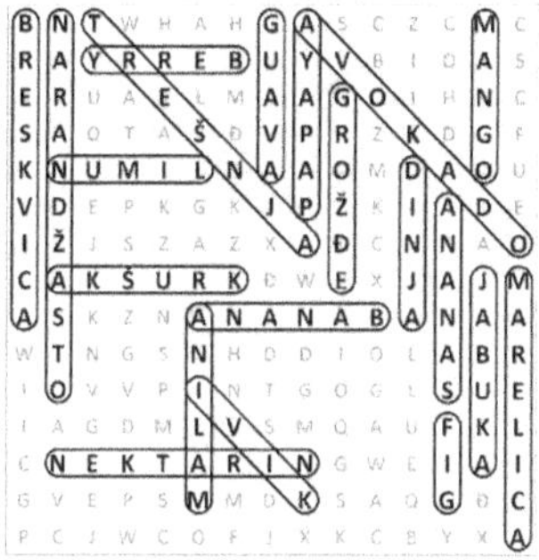

52 - Technologie

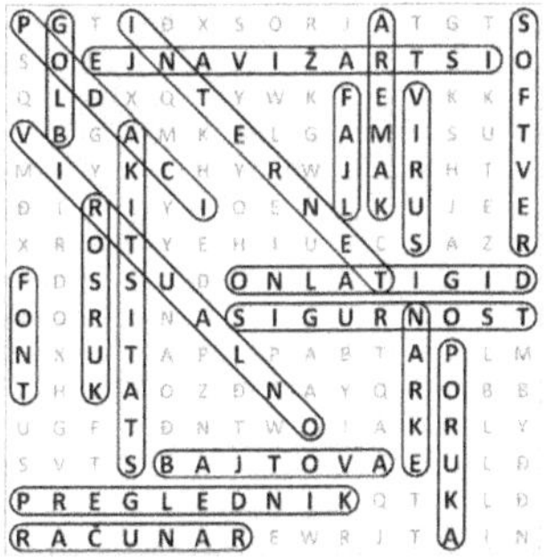

53 - Musique

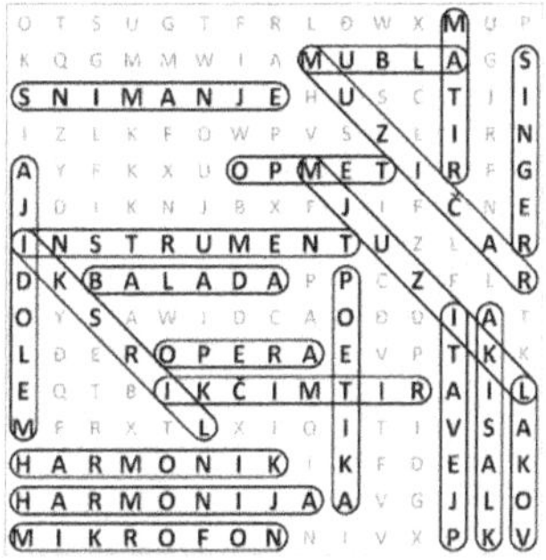

54 - Météo

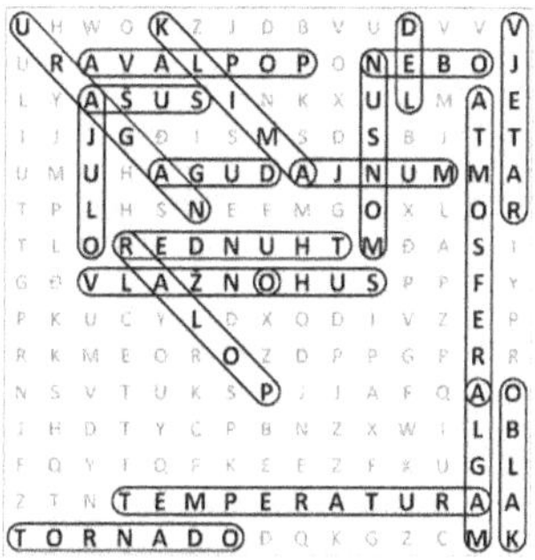

55 - L'Entreprise

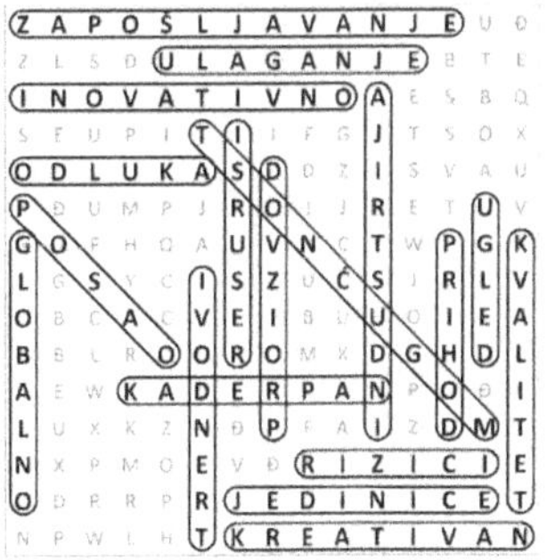

56 - Gouvernement

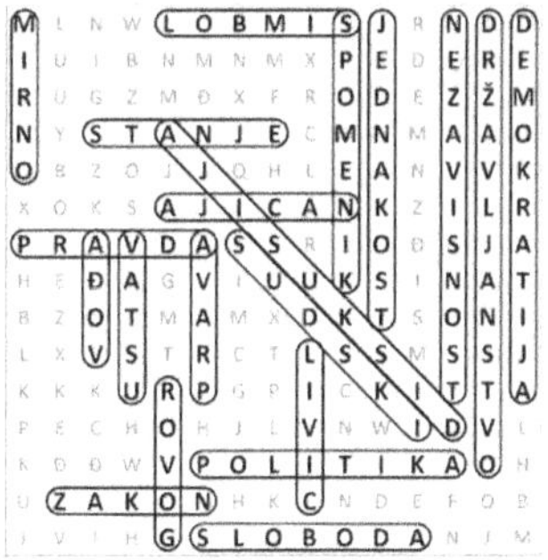

57 - Randonnée

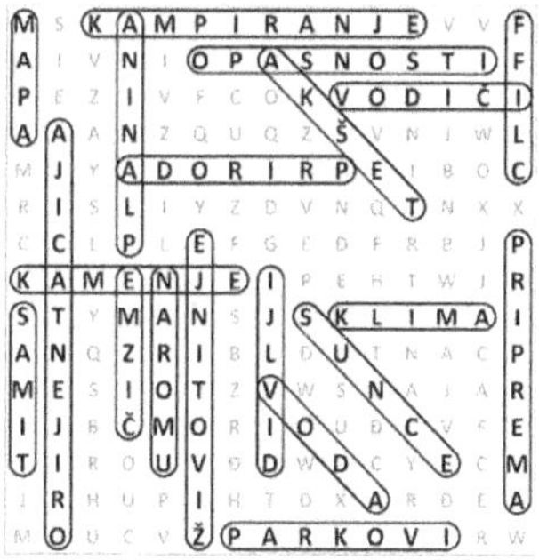

58 - Nutrition

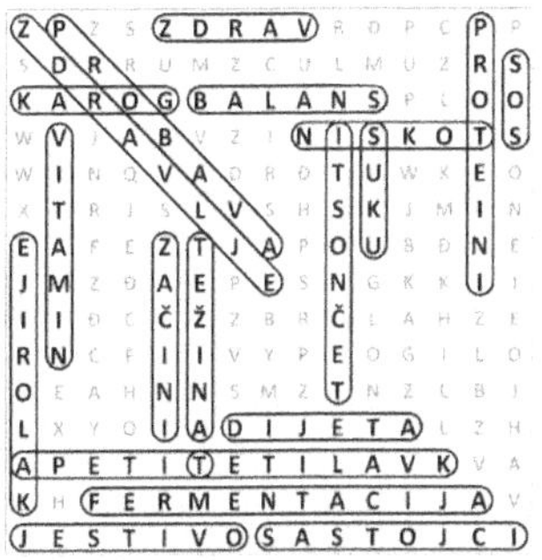

59 - Créativité

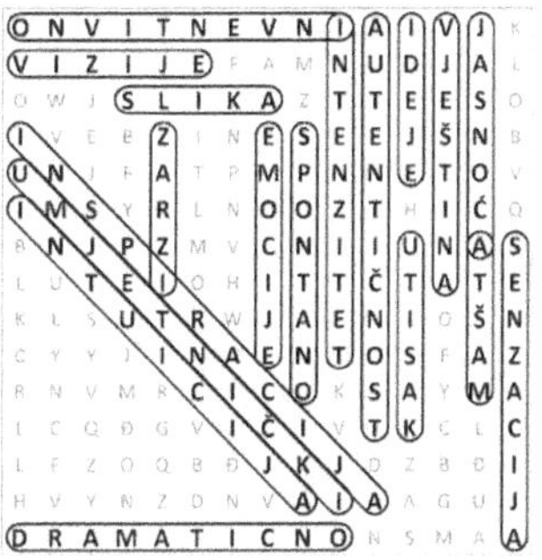

60 - Science Fiction

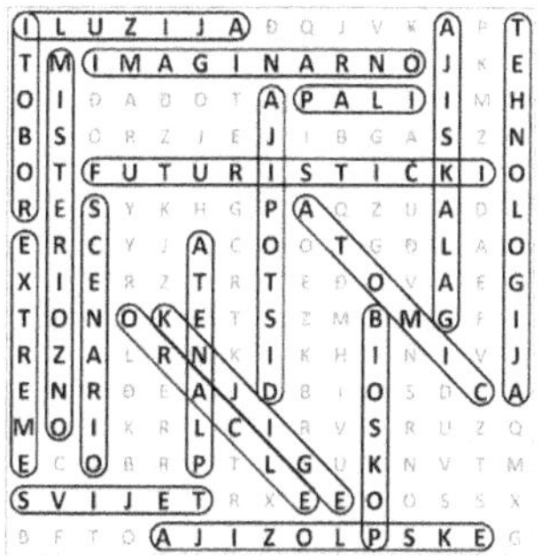

61 - Professions #1

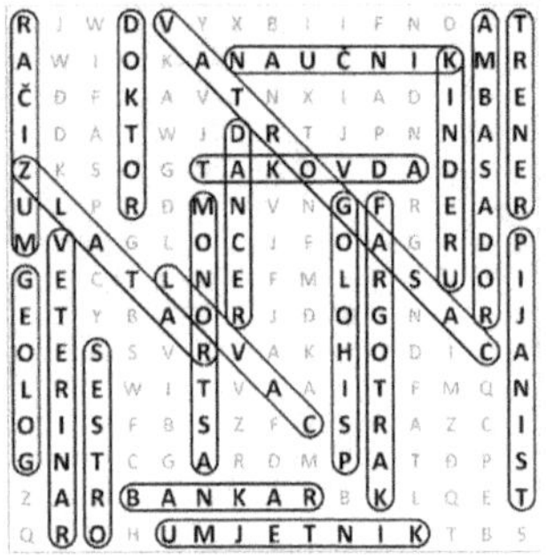

62 - Géologie

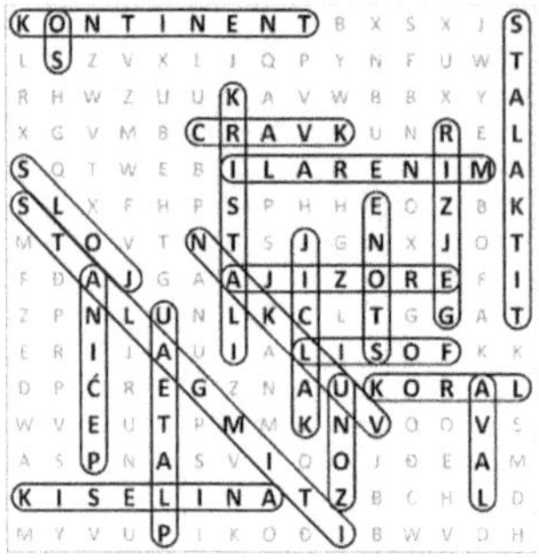

63 - Jardin

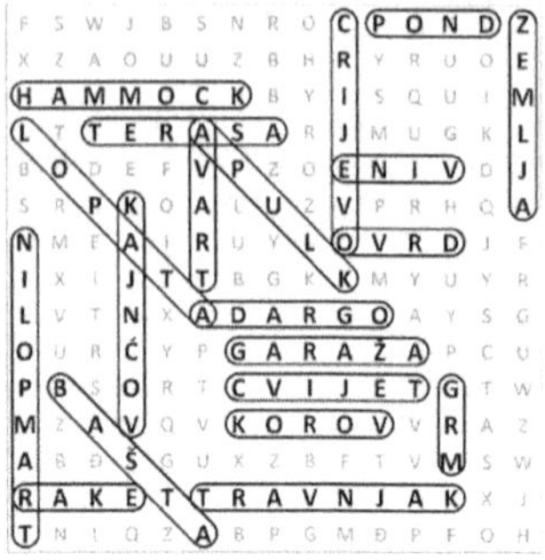

64 - Santé et Bien Être #1

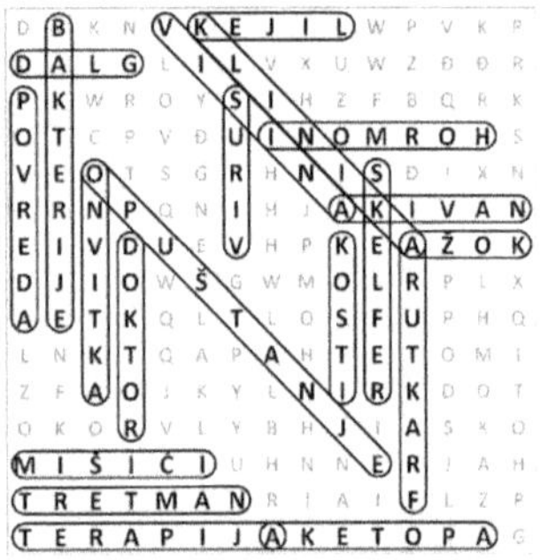

65 - Barbecues

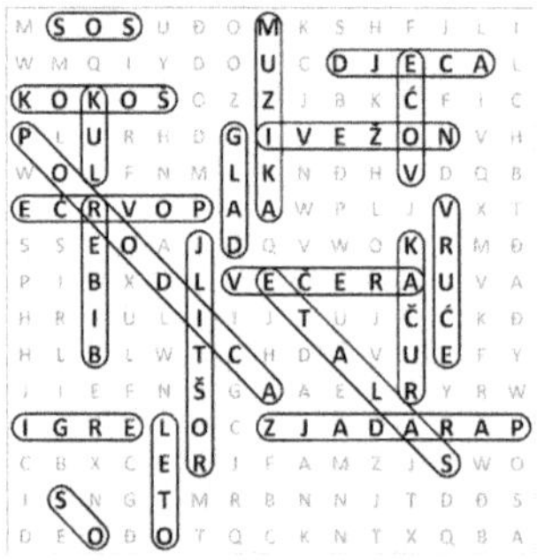

66 - Forêt Tropicale

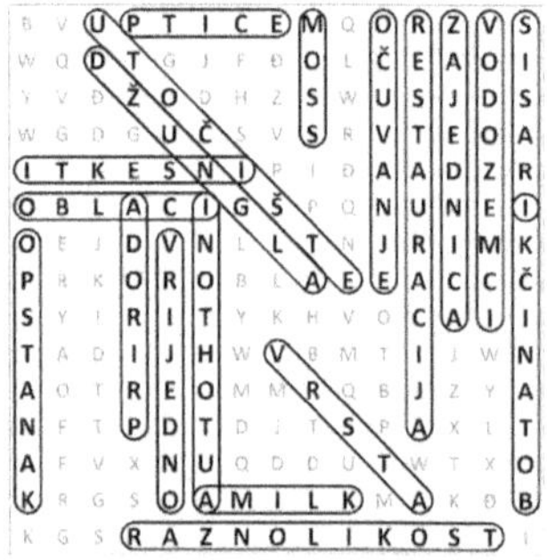

67 - Insectes

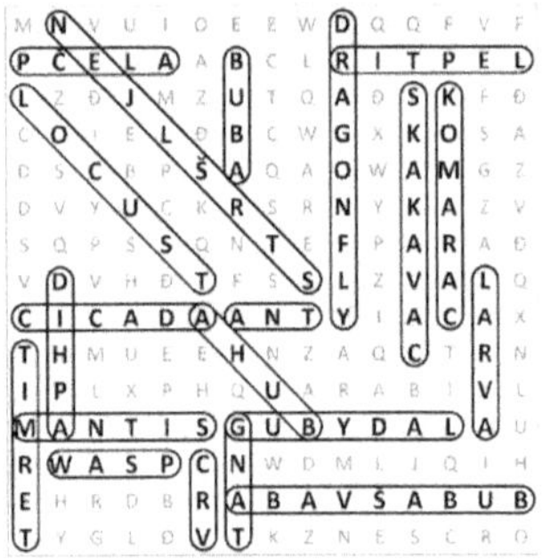

68 - Ferme #1

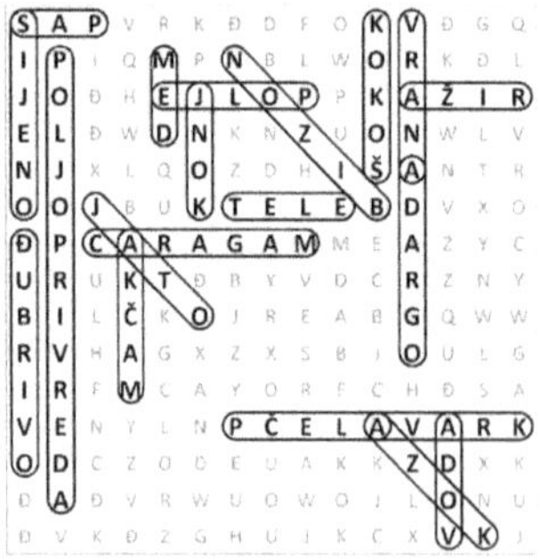

69 - Antarctique

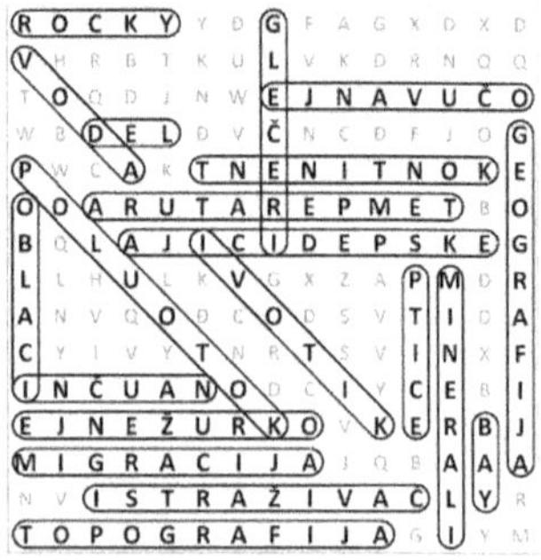

70 - Professions #2

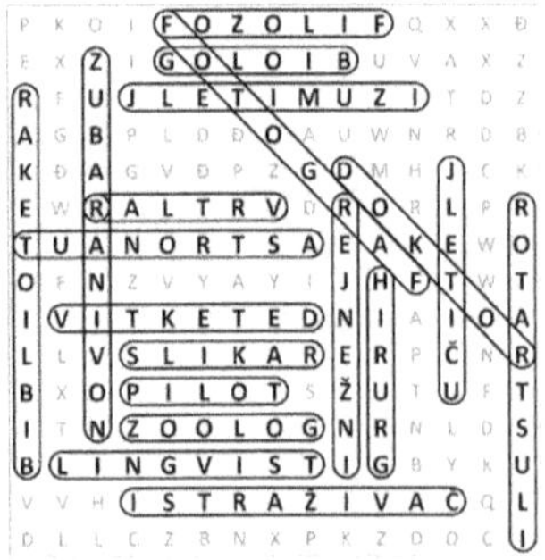

71 - Les Abeilles

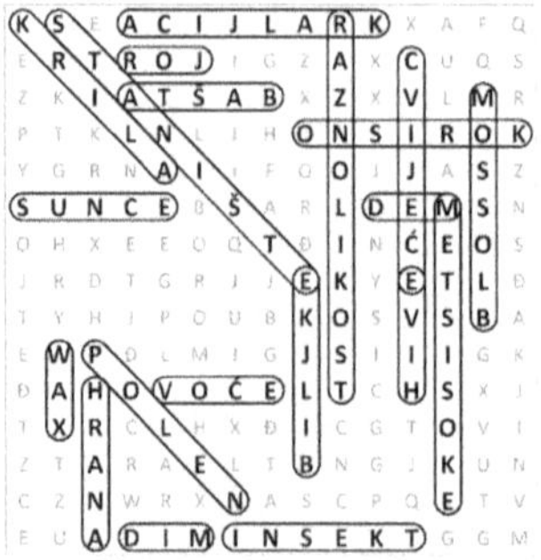

72 - Santé et Bien Être #2

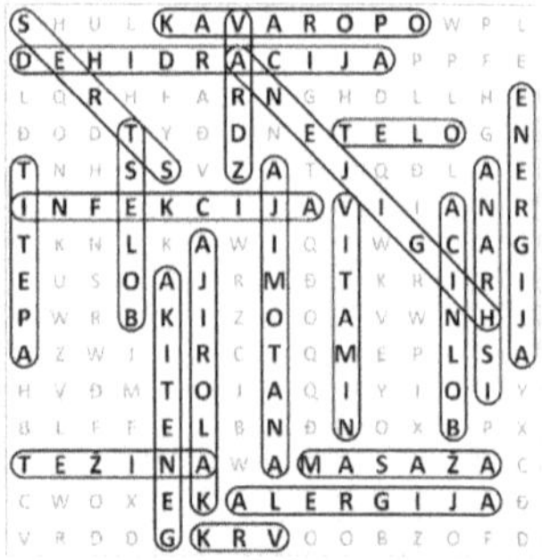

73 - Conduite

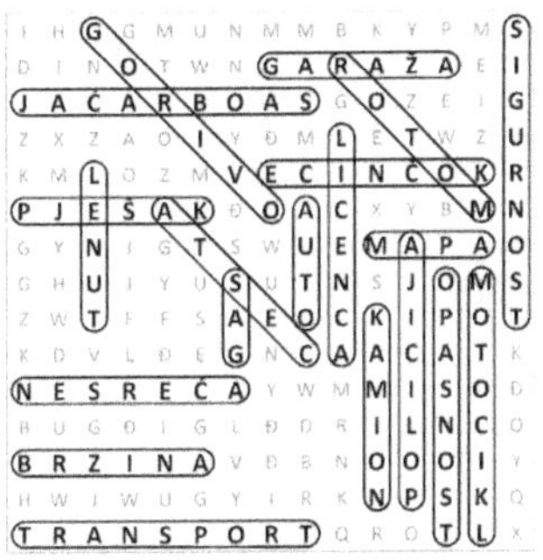

74 - Plantes

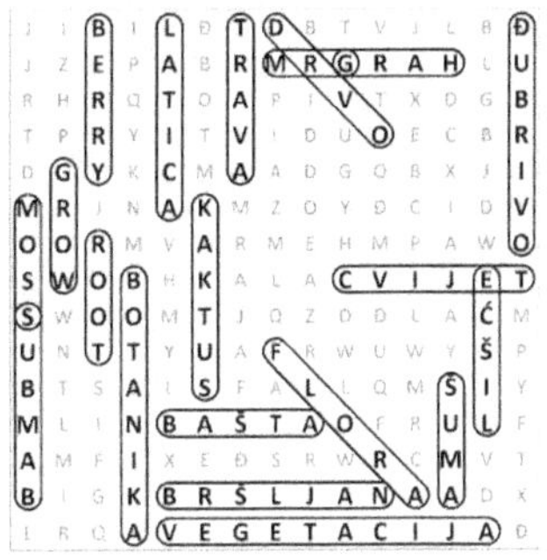

75 - Ferme #2

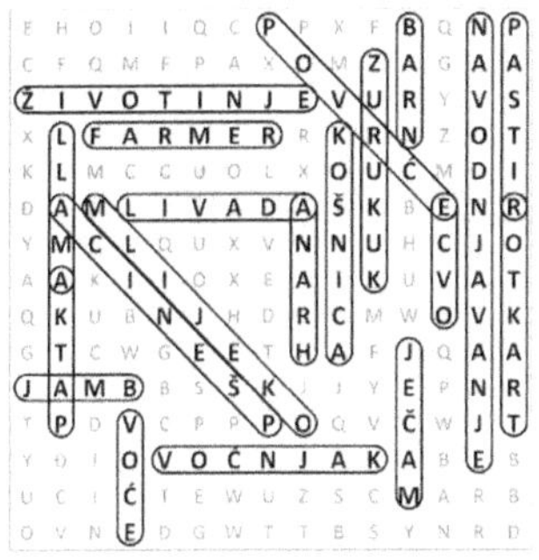

76 - Vacances #2

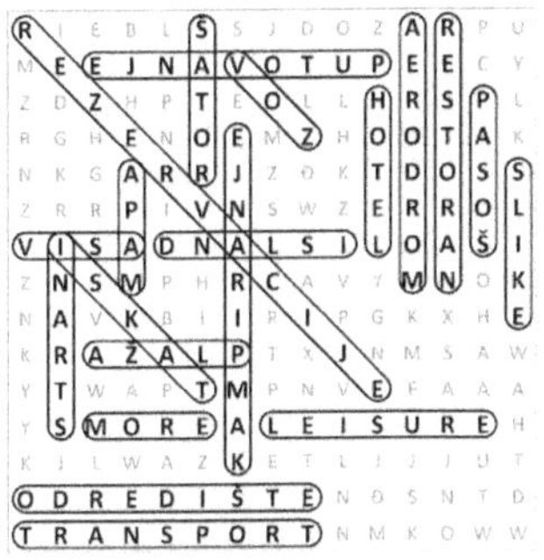

77 - Temps

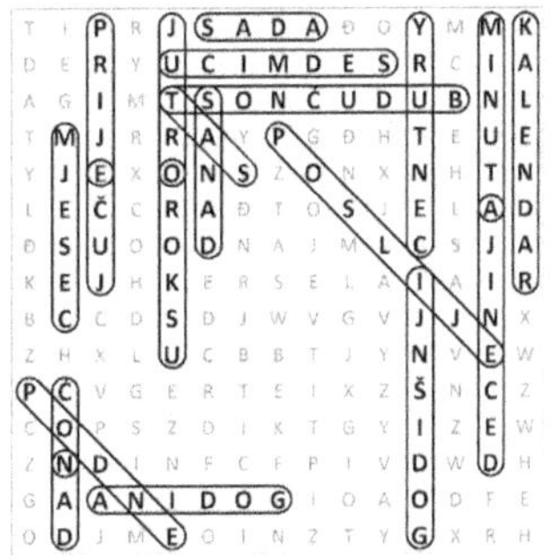

78 - Maison

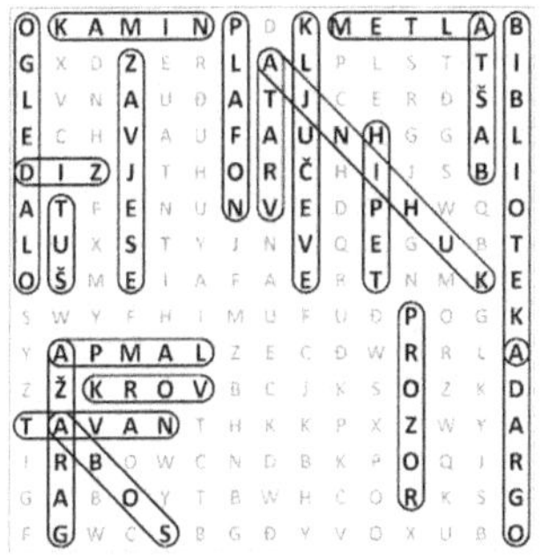

79 - Légumes

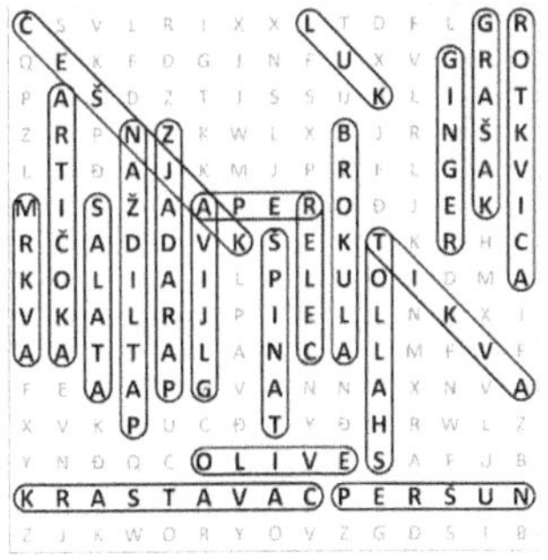

80 - Plage

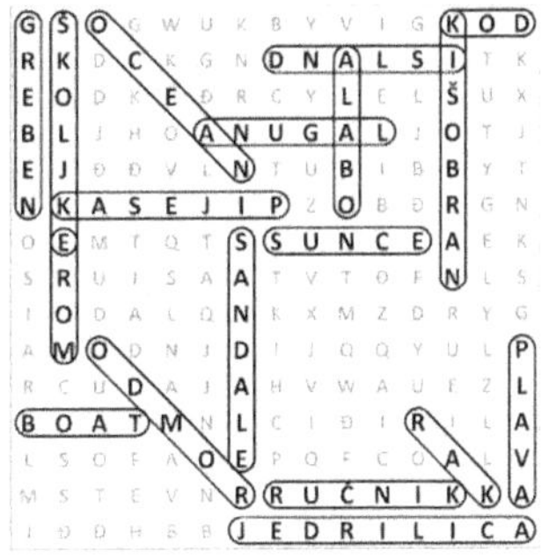

81 - Famille

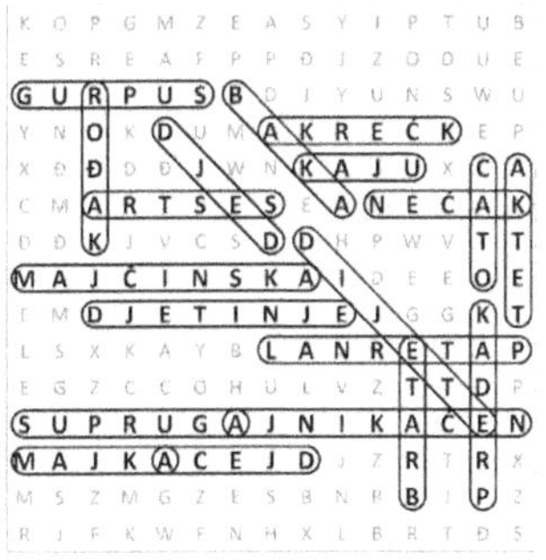

82 - Oiseaux

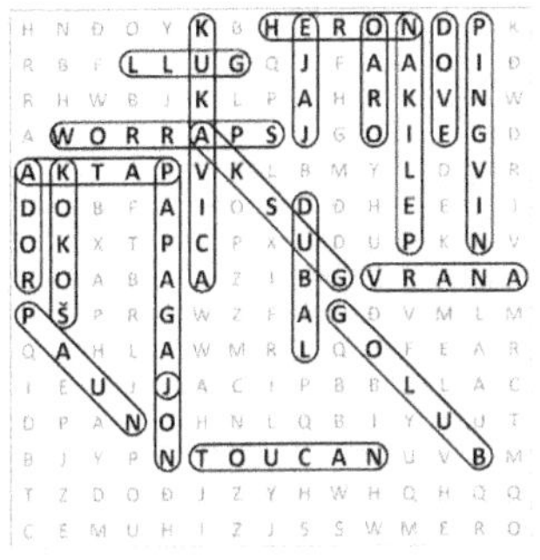

83 - Disciplines Scientifiques

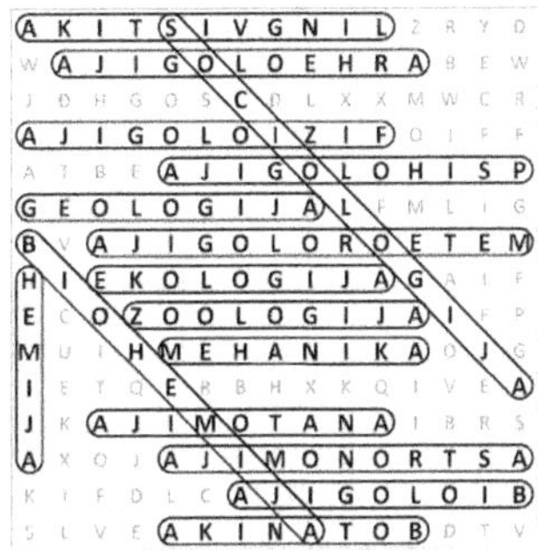

84 - Maladie

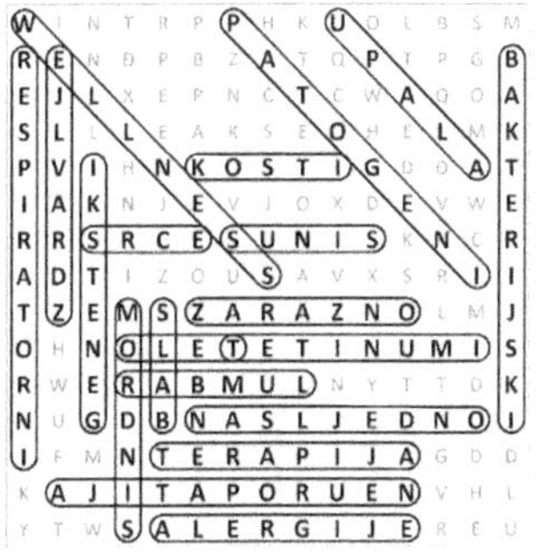

85 - Univers

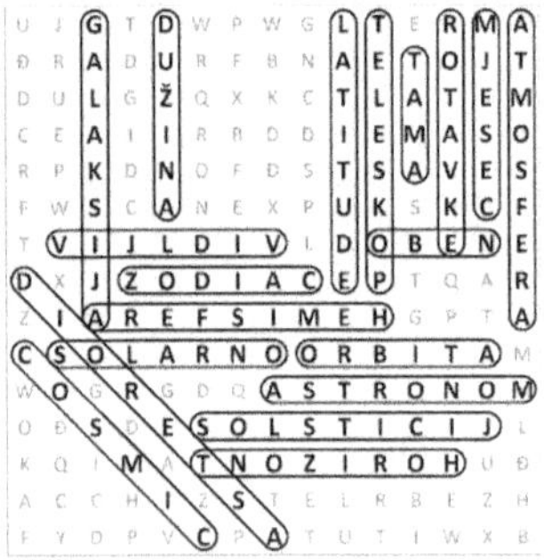

86 - Géographie

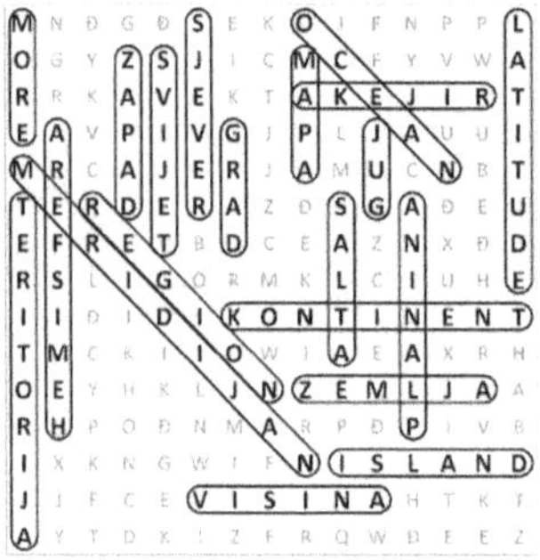

87 - Bâtiments

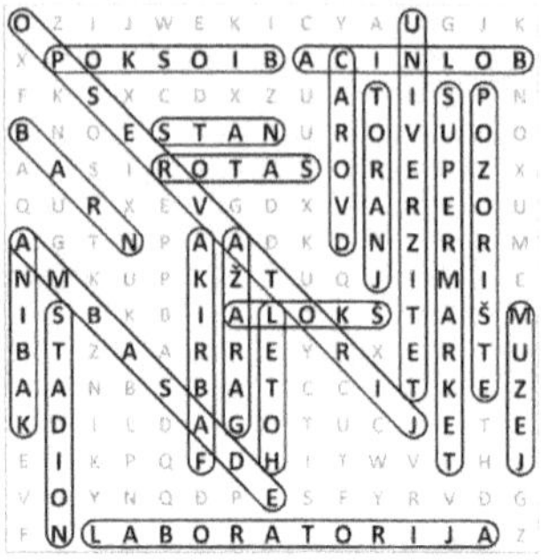

88 - Activités et Loisirs

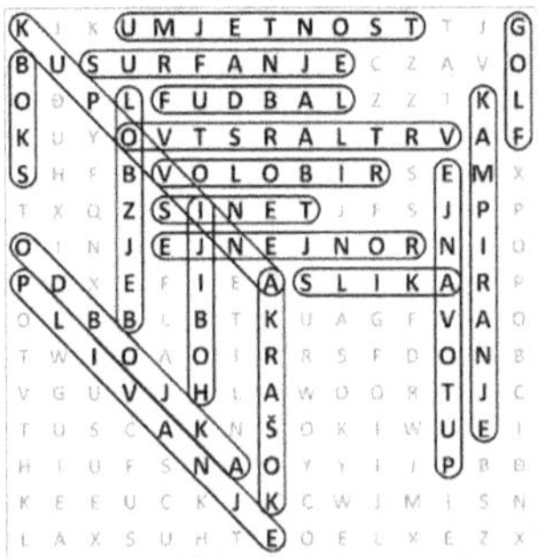

89 - Livres

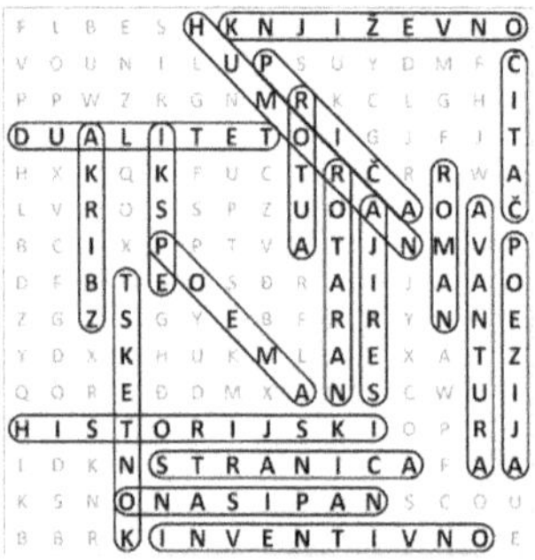

90 - Pays #2

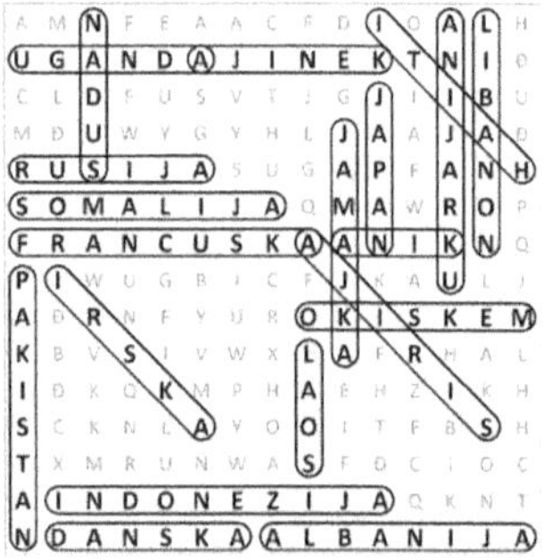

91 - Fournitures d'Art

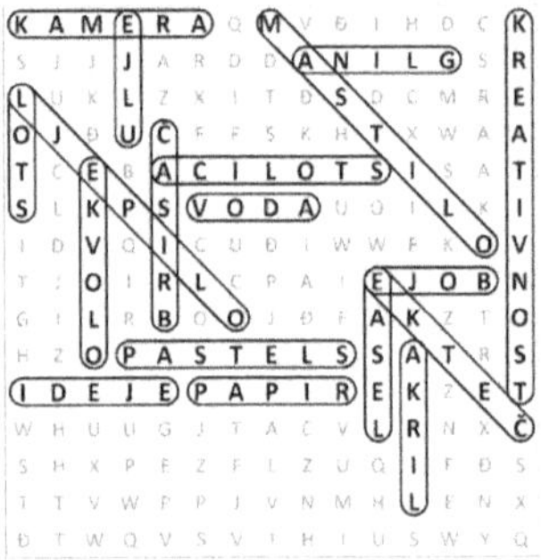

92 - Jazz

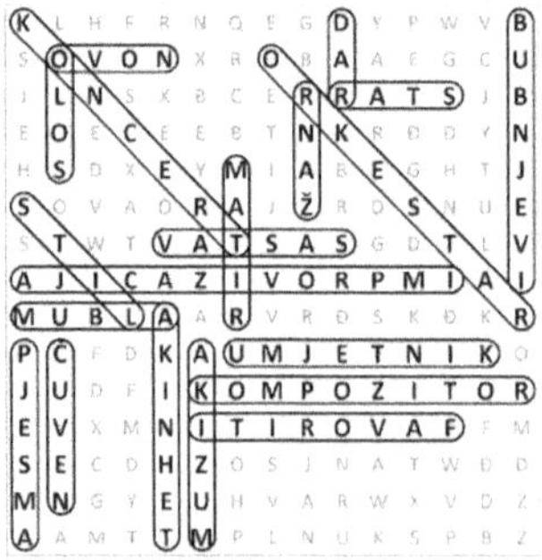

93 - Paysages

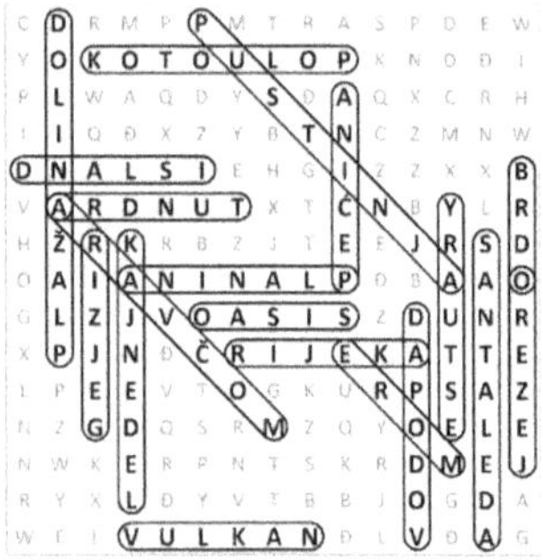

94 - Pays #1

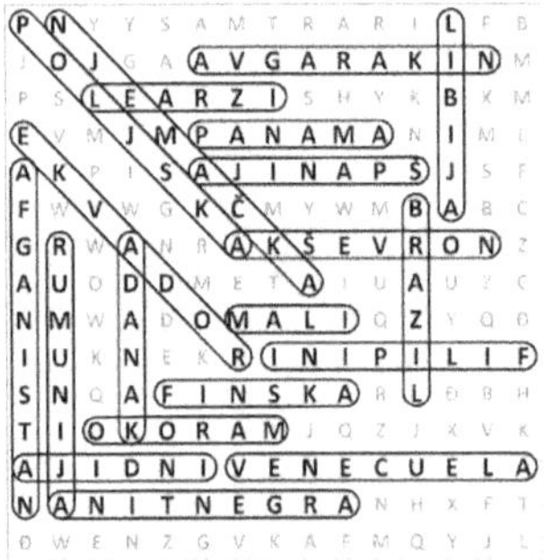

95 - Nombres

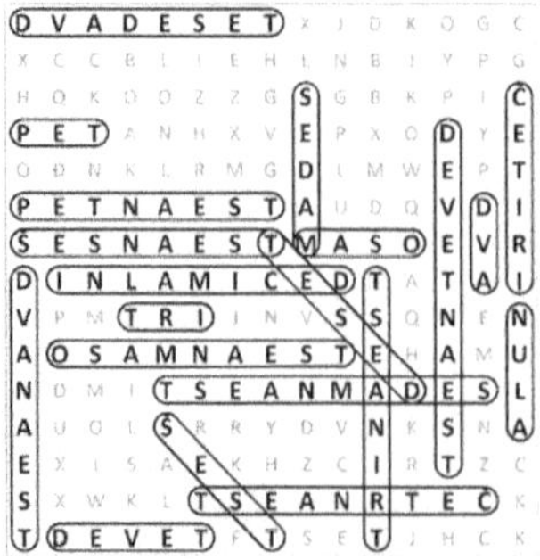

96 - Psychologie

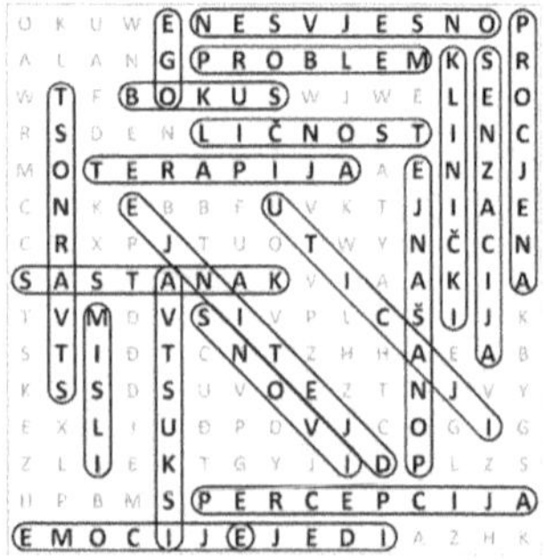

97 - Nature

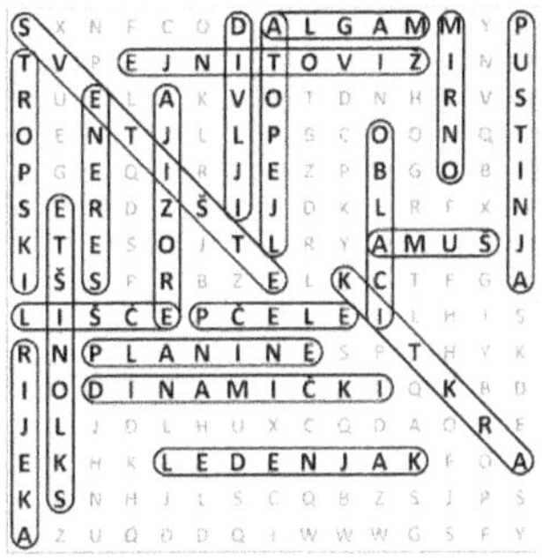

98 - Chimie

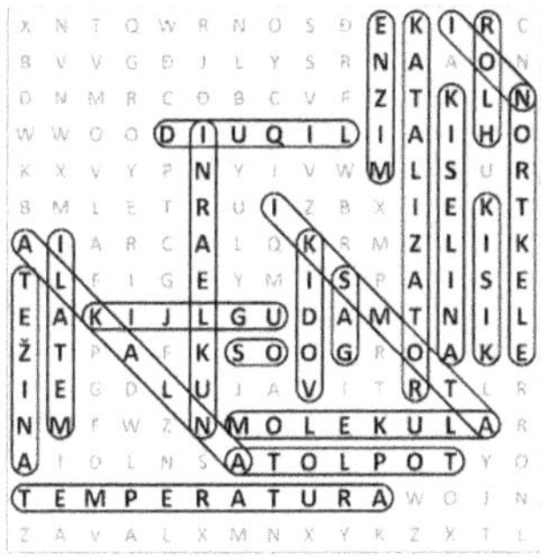

99 - Bateaux

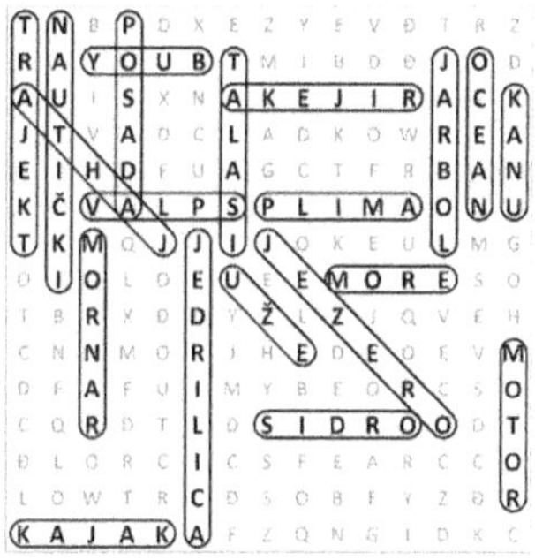

100 - Mesures

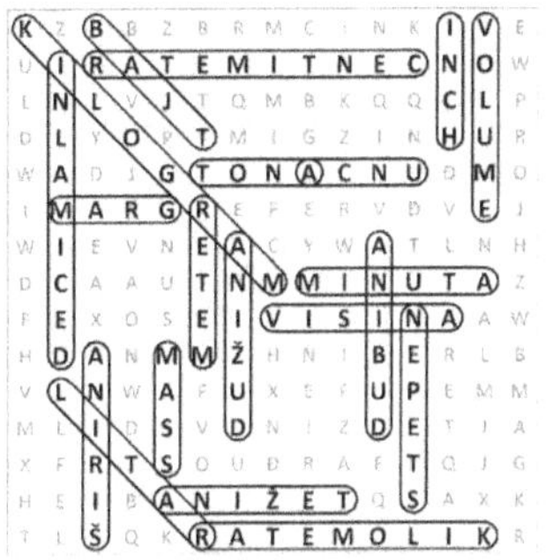

Dictionnaire

Activités
Aktivnosti

Activité	Aktivnost
Art	Umjetnost
Artisanat	Zanati
Camping	Kampiranje
Céramique	Keramika
Chasse	Lov
Compétence	Vještina
Couture	Šivanje
Jardinage	Vrtlarstvo
Jeux	Igre
Lecture	Čitanje
Loisir	Leisure
Magie	Magija
Peinture	Slika
Pêche	Ribolov
Photographie	Fotografija
Plaisir	Zadovoljstvo
Puzzles	Zagonetke
Relaxation	Opuštanje
Tricot	Pletenje

Activités et Loisirs
Aktivnosti i Slobodno Vr

Achats	Kupovina
Art	Umjetnost
Base-Ball	Bejzbol
Basket-Ball	Košarka
Boxe	Boks
Camping	Kampiranje
Football	Fudbal
Golf	Golf
Jardinage	Vrtlarstvo
Nager	Plivanje
Passe-Temps	Hobiji
Peinture	Slika
Pêche	Ribolov
Plongée	Ronjenje
Surf	Surfanje
Tennis	Tenis
Volley-Ball	Odbojka
Voyage	Putovanje

Adjectifs #1
Pridjevi #1

Absolu	Potpuni
Actif	Aktivno
Ambitieux	Ambiciozno
Aromatique	Aromaticno
Artistique	Umjetnički
Attractif	Privlačno
Beau	Divno.
Exotique	Egzotično
Énorme	Ogroman
Généreux	Velikodušan
Honnête	Iskren
Identique	Identični
Important	Bitan
Innocent	Nevin
Jeune	Mlad
Lent	Spor
Lourd	Teška
Mince	Tanak
Moderne	Moderna
Parfait	Savršeno

Adjectifs #2
Pridjevi #2

Authentique	Autentično
Célèbre	Čuven
Créatif	Kreativan
Descriptif	Opisno
Doué	Nadaren
Dramatique	Dramaticno
Élégant	Elegantan
Fier	Ponosan
Fort	Jak
Intéressant	Zanimljivo
Naturel	Prirodno
Nouveau	Novo
Productif	Produktivno
Puissant	Moćan
Pur	Čisto
Responsable	Odgovoran
Sain	Zdrav
Salé	Slano
Sauvage	Divlji
Sec	Suho

Agronomie
Agronomija

Agriculture	Poljoprivreda
Croissance	Rast
Durable	Održivo
Eau	Voda
Engrais	Đubrivo
Environnement	Okruženje
Écologie	Ekologija
Énergie	Energija
Érosion	Erozija
Étude	Studija
Graines	Sjeme
Légumes	Povrće
Maladies	Bolesti
Nourriture	Hrana
Pollution	Zagađenje
Production	Proizvodnja
Recherche	Istraživanje
Rural	Seoski
Science	Nauka
Sol	Zemlja

Algèbre
Algebra

Addition	Dodatak
Diagramme	Dijagram
Exposant	Exponent
Équation	Jednačina
Facteur	Faktor
Faux	False
Formule	Formula
Graphique	Graf
Infini	Beskonačno
Matrice	Matrica
Nombre	Broj
Parenthèse	Zagrada
Problème	Problem
Quantité	Količina
Simplifier	Pojednostavi
Solution	Rješenje
Somme	Suma
Soustraction	Oduzimanje
Variable	Varijabla
Zéro	Nula

Antarctique
Antarktika

Baie	Bay
Baleines	Kitovi
Chercheur	Istraživač
Conservation	Očuvanje
Continent	Kontinent
Eau	Voda
Environnement	Okruženje
Expédition	Ekspedicija
Géographie	Geografija
Glace	Led
Glaciers	Glečeri
Migration	Migracija
Minéraux	Minerali
Nuage	Oblaci
Oiseaux	Ptice
Péninsule	Poluotok
Rocheux	Rocky
Scientifique	Naučni
Température	Temperatura
Topographie	Topografija

Antiquités
Antikviteti

Art	Umjetnost
Authentique	Autentično
Bijoux	Nakit
Décoratif	Ukrasno
Enchères	Aukcija
Élégant	Elegantan
Galerie	Galerija
Inhabituel	Neobično
Investissement	Ulaganje
Meubles	Namještaj
Peintures	Slike
Pièces	Kovanice
Prix	Cijena
Qualité	Kvalitet
Restauration	Restauracija
Sculpture	Skulptura
Siècle	Century
Style	Stil
Valeur	Vrijednost
Vieux	Star

Archéologie
Arheologija

Analyse	Analiza
Ancien	Drevni
Antiquité	Antika
Chercheur	Istraživač
Civilisation	Civilizacija
Descendant	Potomak
Expert	Stručnjak
Ère	Era
Équipe	Tim
Évaluation	Procjena
Fossile	Fosil
Fragments	Fragmenti
Inconnu	Nepoznat
Mystère	Misterija
Objets	Objekti
Os	Kosti
Professeur	Profesor
Relique	Relikvija
Temple	Hram
Tombe	Grobnica

Astronomie
Astronomija

Astéroïde	Asteroid
Astronaute	Astronaut
Astronome	Astronom
Ciel	Nebo
Constellation	Sazviježđe
Cosmos	Cosmos
Éclipse	Eklipsa
Équinoxe	Equinox
Fusée	Raketa
Galaxie	Galaksija
Lune	Mjesec
Météore	Meteor
Nébuleuse	Nebula
Observatoire	Opservatorij
Planète	Planeta
Radiation	Zračenje
Solaire	Solarno
Supernova	Supernova
Terre	Zemlja
Univers	Svemir

Aventure
Avantura

Activité	Aktivnost
Amis	Prijatelji
Beauté	Ljepota
Bravoure	Hrabrost
Chance	Šansa
Dangereux	Opasno
Destination	Odredište
Défis	Izazovi
Difficulté	Teško
Enthousiasme	Entuzijazam
Excursion	Izlet
Inhabituel	Neobično
Itinéraire	Itinerar
Joie	Radost
Nature	Priroda
Navigation	Navigacija
Nouveau	Novo
Opportunité	Prilika
Préparation	Priprema
Sécurité	Sigurnost

Avions
Avioni

Air	Zrak
Atmosphère	Atmosfera
Atterrissage	Sletanje
Aventure	Avantura
Ballon	Balon
Carburant	Gorivo
Ciel	Nebo
Construction	Gradnja
Descente	Descent
Design	Dizajn
Direction	Pravac
Équipage	Posada
Hauteur	Visina
Hélices	Propeleri
Histoire	Istorija
Hydrogène	Vodik
Moteur	Motor
Passager	Putnik
Pilote	Pilot
Turbulence	Turbulencija

Ballet
Balet

Applaudissement	Aplauz
Artistique	Umjetnički
Ballerine	Balerina
Chorégraphie	Koreografija
Compétence	Vještina
Compositeur	Kompozitor
Danseurs	Plesači
Expressif	Izražajno
Geste	Gest
Gracieux	Graciozan
Intensité	Intenzitet
Muscles	Mišići
Musique	Muzika
Orchestre	Orkestar
Répétition	Proba
Rythme	Ritam
Solo	Solo
Style	Stil
Technique	Tehnika

Barbecues
Roštilji

Chaud	Vruće
Couteaux	Noževi
Déjeuner	Ručak
Dîner	Večera
Enfants	Djeca
Été	Leto
Faim	Glad
Famille	Porodica
Fruit	Voće
Gril	Roštilj
Jeux	Igre
Légumes	Povrće
Musique	Muzika
Oignons	Luk
Poivre	Biber
Poulet	Kokoš
Salades	Salate
Sauce	Sos
Sel	So
Tomates	Paradajz

Bateaux
Brodovi

Ancre	Sidro
Bouée	Buoy
Canoë	Kanu
Corde	Uže
Équipage	Posada
Ferry	Trajekt
Fleuve	Rijeka
Kayak	Kajak
Lac	Jezero
Marée	Plima
Marin	Mornar
Mât	Jarbol
Mer	More
Moteur	Motor
Nautique	Nautički
Océan	Ocean
Radeau	Splav
Vagues	Talasi
Voilier	Jedrilica
Yacht	Jahta

Bâtiments
Zgrade

Ambassade	Ambasade
Appartement	Stan
Cabine	Kabina
Château	Dvorac
Cinéma	Bioskop
École	Škola
Garage	Garaža
Grange	Barn
Hôpital	Bolnica
Hôtel	Hotel
Laboratoire	Laboratorija
Musée	Muzej
Observatoire	Opservatorij
Stade	Stadion
Supermarché	Supermarket
Tente	Šator
Théâtre	Pozorište
Tour	Toranj
Université	Univerzitet
Usine	Fabrika

Beauté
Ljepota

Boucles	Kovrče
Charme	Šarm
Ciseaux	Makaze
Cosmétique	Kozmetika
Couleur	Boja
Élégance	Elegancija
Élégant	Elegantan
Grâce	Grace
Huiles	Ulja
Maquillage	Šminka
Mascara	Maskara
Miroir	Ogledalo
Parfum	Miris
Peau	Koža
Photogénique	Fotogenično
Produits	Proizvodi
Rouge à Lèvres	Ruž
Services	Usluge
Shampooing	Šampon
Styliste	Stilist

Biologie
Biologija

Anatomie	Anatomija
Bactéries	Bakterije
Cellule	Ćelija
Chromosome	Hromosom
Collagène	Kolagen
Embryon	Embrion
Enzyme	Enzim
Évolution	Evolucija
Hormone	Hormon
Mammifère	Sisar
Mutation	Mutacija
Naturel	Prirodno
Nerf	Nerve
Neurone	Neuron
Osmose	Osmoza
Photosynthèse	Fotosinteza
Protéine	Protein
Reptile	Gmaz
Symbiose	Simbioza
Synapse	Synapse

Camping
Kampovanje

Animaux	Životinje
Aventure	Avantura
Boussole	Kompas
Cabine	Kabina
Canoë	Kanu
Carte	Mapa
Chapeau	Šešir
Chasse	Lov
Corde	Uže
Équipement	Oprema
Feu	Pali!
Forêt	Šuma
Hamac	Hammock
Insecte	Insekt
Lac	Jezero
Lanterne	Fenjer
Lune	Mjesec
Montagne	Planina
Nature	Priroda
Tente	Šator

Chimie
Hemija

Acide	Kiselina
Alcalin	Alkalna
Atomique	Atomski
Carbone	Ugljik
Catalyseur	Katalizator
Chaleur	Toplota
Chlore	Hlor
Enzyme	Enzim
Électron	Elektron
Gaz	Gas
Hydrogène	Vodik
Ion	Ion
Liquide	Liquid
Métaux	Metali
Molécule	Molekula
Nucléaire	Nuklearni
Oxygène	Kisik
Poids	Težina
Sel	So
Température	Temperatura

Chocolat
Čokolada

Amer	Gorak
Antioxydant	Antioksidant
Arôme	Aroma
Bonbon	Slatkiš
Cacahuètes	Kikiriki
Cacao	Cacao
Calories	Kalorije
Caramel	Karamel
Délicieux	Ukusno
Doux	Slatko
Envie	Žudnja
Exotique	Egzotično
Favori	Favorit
Goût	Ukus
Ingrédient	Sastojak
Noix de Coco	Kokos
Qualité	Kvalitet
Recette	Recept
Sucre	Šećer

Conduite
Vožnja

Accident	Nesreća
Camion	Kamion
Carburant	Gorivo
Carte	Mapa
Danger	Opasnost
Freins	Kočnice
Garage	Garaža
Gaz	Gas
Licence	Licenca
Moteur	Motor
Moto	Motocikl
Piéton	Pješak
Police	Policija
Route	Cesta
Sécurité	Sigurnost
Trafic	Saobraćaj
Transport	Transport
Tunnel	Tunel
Vitesse	Brzina
Voiture	Auto

Corps Humain
Ljudsko Tijelo

Bouche	Usta
Cerveau	Mozak
Cheville	Gležanj
Cou	Vrat
Coude	Lakat
Cœur	Srce
Doigt	Finger
Estomac	Trbuh
Épaule	Rame
Genou	Koljeno
Lèvres	Usne
Main	Ruka
Mâchoire	Čeljust
Menton	Chin
Nez	Nos
Oreille	Uho
Peau	Koža
Sang	Krv
Tête	Glava
Visage	Lice

Couleurs
Boje

Azur	Azure
Beige	Bež
Blanc	Bela
Bleu	Plava
Cyan	Cyan
Fuchsia	Fuksija
Gris	Siva
Indigo	Indigo
Jaune	Žuto
Magenta	Magenta
Marron	Brown
Noir	Crna
Orange	Narandžasto
Rose	Roze
Rouge	Crven
Sépia	Sepia
Vert	Zeleno
Violet	Purpurno

Créativité
Kreativnost

Artistique	Umjetnički
Authenticité	Autentičnost
Clarté	Jasnoća
Compétence	Vještina
Dramatique	Dramaticno
Expression	Izraz
Émotions	Emocije
Fluidité	Fluidnost
Idées	Ideje
Image	Slika
Imagination	Mašta
Impression	Utisak
Inspiration	Inspiracija
Intensité	Intenzitet
Intuition	Intuicija
Inventif	Inventivno
Sensation	Senzacija
Spontané	Spontano
Visions	Vizije
Vitalité	Vitalnost

Cuisine
Kuhinja

Bol	Bowl
Bouilloire	Čajnik
Congélateur	Zamrzivač
Couteaux	Noževi
Cruche	Jug
Cuillères	Kašike
Épices	Začini
Éponge	Sunđer
Four	Pecnica
Fourchettes	Forks
Gril	Roštilj
Louche	Ladle
Nourriture	Hrana
Pot	Jar
Recette	Recept
Réfrigérateur	Frižider
Serviette	Salveta
Tablier	Kecelja
Tasses	Šolje

Diplomatie
Diplomatija

Ambassade	Ambasade
Ambassadeur	Ambasador
Citoyens	Građani
Communauté	Zajednica
Conflit	Sukob
Conseiller	Savjetnik
Coopération	Saradnja
Diplomatique	Diplomatski
Discussion	Diskusija
Éthique	Etika
Étranger	Strani
Gouvernement	Vlada
Humanitaire	Humanitarac
Intégrité	Integritet
Justice	Pravda
Politique	Politika
Résolution	Rezolucija
Sécurité	Sigurnost
Solution	Rješenje
Traité	Ugovor

Disciplines Scientifiques
Naučne Discipline

Anatomie	Anatomija
Archéologie	Arheologija
Astronomie	Astronomija
Biochimie	Biohemija
Biologie	Biologija
Botanique	Botanika
Chimie	Hemija
Écologie	Ekologija
Géologie	Geologija
Immunologie	Imunologija
Linguistique	Lingvistika
Mécanique	Mehanika
Météorologie	Meteorologija
Minéralogie	Mineralogija
Neurologie	Neurologija
Physiologie	Fiziologija
Psychologie	Psihologija
Sociologie	Sociologija
Thermodynamique	Termodinamika
Zoologie	Zoologija

Entreprise
Biznisni Fax

Argent	Novac
Boutique	Prodavnica
Budget	Budžet
Bureau	Kancelarija
Carrière	Karijera
Coût	Kost
Devise	Valuta
Employeur	Poslodavac
Employé	Zaposleni
Entreprise	Firma:
Économie	Ekonomija
Finance	Finansije
Impôts	Porezi
Investissement	Ulaganje
Marchandise	Roba
Profit	Profit
Revenu	Prihod
Transaction	Transakcija
Usine	Fabrika
Vente	Prodaja

Écologie
Ekologija

Bénévoles	Volonteri
Climat	Klima
Communautés	Zajednice
Diversité	Raznolikost
Durable	Održivo
Espèce	Vrsta
Faune	Fauna
Flore	Flora
Global	Globalno
Habitat	Stanište
Marais	Marsh
Marin	Marine
Montagnes	Planine
Nature	Priroda
Naturel	Prirodno
Plantes	Biljke
Ressources	Resursi
Sécheresse	Suša
Survie	Opstanak
Végétation	Vegetacija

Électricité
Elektricitet

Aimant	Magnet
Ampoule	Sijalica
Batterie	Baterija
Câble	Kabl
Électricien	Električar
Électrique	Električni
Équipement	Oprema
Fils	Žice
Générateur	Generator
Lampe	Lampa
Laser	Laser
Négatif	Negativno
Objets	Objekti
Positif	Pozitivno
Prise	Socket
Quantité	Količina
Réseau	Mreža
Stockage	Skladište
Téléphone	Telefon
Télévision	Televizija

Énergie
Energija

Batterie	Baterija
Carbone	Ugljik
Carburant	Gorivo
Chaleur	Toplota
Diesel	Dizel
Entropie	Entropija
Environnement	Okruženje
Essence	Benzin
Électrique	Električni
Électron	Elektron
Hydrogène	Vodik
Industrie	Industrija
Moteur	Motor
Nucléaire	Nuklearni
Photon	Foton
Pollution	Zagađenje
Renouvelable	Obnovljivo
Soleil	Sunce
Turbine	Turbina
Vent	Vjetar

Épices
Unit-Format

Aigre	Kiselo
Ail	Češnjak
Amer	Gorak
Anis	Anis
Cannelle	Cimet
Cardamome	Kardamom
Coriandre	Coriander
Cumin	Cumin
Curry	Curry
Fenouil	Komorač
Gingembre	Ginger
Muscade	Muškat
Oignon	Luk
Paprika	Paprika
Poivre	Biber
Réglisse	Licorice
Safran	Šafran
Saveur	Ukus
Sel	So
Vanille	Vanilija

Famille
Porodično Ime

Ancêtre	Predak
Cousin	Rođak
Enfance	Djetinje
Enfant	Dijete
Enfants	Djeca
Femme	Supruga
Fille	Kćerka
Frère	Brate
Grand-Mère	Baka
Grand-Père	Djed
Mari	Suprug
Maternel	Majčinska
Mère	Majka
Neveu	Nećak
Nièce	Nećakinja
Oncle	Ujak
Paternel	Paternal
Père	Otac
Soeur	Sestra
Tante	Tetka

Ferme #1
Farma # 1

Abeille	Pčela
Agriculture	Poljoprivreda
Âne	Magarac
Bison	Bizon
Champ	Polje
Chat	Mačka
Cheval	Konj
Chèvre	Koza
Chien	Pas
Clôture	Ograda
Corbeau	Vrana
Eau	Voda
Engrais	Đubrivo
Foin	Sijeno
Miel	Med
Poulet	Kokoš
Riz	Riža
Troupeau	Jato
Vache	Krava
Veau	Tele

Ferme #2
Farma #2

Agneau	Jamb
Agriculteur	Farmer
Animaux	Životinje
Berger	Pastir
Blé	Pšenica
Canard	Patka
Fruit	Voće
Grange	Barn
Irrigation	Navodnjavanje
Lait	Mlijeko
Lama	Llama
Légume	Povrće
Maïs	Kukuruz
Mouton	Ovce
Nourriture	Hrana
Orge	Ječam
Pré	Livada
Ruche	Košnica
Tracteur	Traktor
Verger	Voćnjak

Fleurs

Cvijeće

Bouquet	Buket
Gardénia	Gardenia
Hibiscus	Hibiskus
Jasmin	Jasmine
Jonquille	Daffodil
Lavande	Lavanda
Lilas	Jorgovan
Lys	Lily
Magnolia	Magnolija
Marguerite	Tratinčica
Orchidée	Orhideja
Passiflore	Passionflower
Pavot	Poppy
Pétale	Petal
Pissenlit	Maslačak
Pivoine	Peony
Plumeria	Plumeria
Tournesol	Suncokret
Trèfle	Clover
Tulipe	Tulip

Force et Gravité

Sila i Gravitacija

Axe	Osa
Centre	Centar
Découverte	Otkriće
Distance	Razdaljina
Dynamique	Dinamički
Expansion	Proširenje
Friction	Trenje
Impact	Udar
Magnétisme	Magnetizam
Mécanique	Mehanika
Mouvement	Kretanje
Orbite	Orbita
Physique	Fizika
Planètes	Planete
Poids	Težina
Pression	Pritisak
Propriétés	Osobine
Temps	Vrijeme
Universel	Univerzalni
Vitesse	Brzina

Forêt Tropicale

Kišna Šuma

Amphibiens	Vodozemci
Botanique	Botanički
Climat	Klima
Communauté	Zajednica
Diversité	Raznolikost
Espèce	Vrsta
Indigène	Autohtoni
Insectes	Insekti
Jungle	Džungla
Mammifères	Sisari
Mousse	Moss
Nature	Priroda
Nuage	Oblaci
Oiseaux	Ptice
Précieux	Vrijedno
Préservation	Očuvanje
Refuge	Utočište
Restauration	Restauracija
Survie	Opstanak

Formes

Oblici

Arc	Arc
Bords	Ivice
Carré	Kvadrat
Cercle	Krug
Coin	Ugao
Courbe	Krivina
Cône	Cone
Côté	Strana
Cube	Kocka
Cylindre	Cilindar
Ellipse	Elipsa
Hyperbole	Hiperbola
Ligne	Linija
Ovale	Ovalni
Polygone	Poligon
Prisme	Prism
Pyramide	Piramide
Rectangle	Pravougaonik
Triangle	Trougao

Fournitures d'Art

Umjetnički Pribor

Acrylique	Akril
Argile	Glina
Brosses	Četke
Caméra	Kamera
Chaise	Stolica
Chevalet	Easel
Colle	Ljepilo
Couleurs	Boje
Crayons	Olovke
Créativité	Kreativnost
Eau	Voda
Encre	Mastilo
Gomme	Brisač
Huile	Ulje
Idées	Ideje
Papier	Papir
Pastels	Pastels
Table	Stol

Fruit

Voće.

Abricot	Marelica
Ananas	Ananas
Avocat	Avokado
Baie	Berry
Banane	Banana
Cerise	Trešnja
Citron	Limun
Figue	Fig
Framboise	Malina
Goyave	Guava
Kiwi	Kivi
Mangue	Mango
Melon	Dinja
Nectarine	Nektarin
Orange	Narandžasto
Papaye	Papaya
Pêche	Breskvica
Poire	Kruška
Pomme	Jabuka
Raisin	Grožđe

Géographie
Bibliografija

Altitude	Visina
Atlas	Atlas
Carte	Mapa
Continent	Kontinent
Fleuve	Rijeka
Hémisphère	Hemisfera
Île	Island
Latitude	Latitude
Mer	More
Méridien	Meridijan
Monde	Svijet
Montagne	Planina
Nord	Sjever
Océan	Ocean
Ouest	Zapad
Pays	Zemlja
Région	Region
Sud	Jug
Territoire	Teritorija
Ville	Grad

Géologie
Geologija

Acide	Kiselina
Calcium	Kalcij
Caverne	Pećina
Continent	Kontinent
Corail	Koral
Couche	Sloj
Cristaux	Kristali
Érosion	Erozija
Fossile	Fosil
Geyser	Gejzir
Lave	Lava
Minéraux	Minerali
Pierre	Stone
Plateau	Plateau
Quartz	Kvarc
Sel	So
Stalactite	Stalaktit
Stalagmites	Stalagmiti
Volcan	Vulkan
Zone	Zonu

Géométrie
Geometrija

Angle	Ugao
Calcul	Izračun
Cercle	Krug
Courbe	Krivina
Diamètre	Diameter
Dimension	Dimenzija
Équation	Jednačina
Hauteur	Visina
Logique	Logika
Masse	Mass
Médian	Medijan
Nombre	Broj
Parallèle	Paralelno
Proportion	Proporcija
Segment	Segment
Surface	Površina
Symétrie	Simetrija
Théorie	Teorija
Triangle	Trougao
Vertical	Vertikalno

Gouvernement
Vlada

Citoyenneté	Državljanstvo
Civil	Civil
Constitution	Ustav
Démocratie	Demokratija
Discours	Govor
Discussion	Diskusija
Droits	Prava
Égalité	Jednakost
État	Stanje
Indépendance	Nezavisnost
Judiciaire	Sudski
Justice	Pravda
Leader	Vođa
Liberté	Sloboda
Loi	Zakon
Monument	Spomenik
Nation	Nacija
Paisible	Mirno
Politique	Politika
Symbole	Simbol

Herboristerie
Herbalizam

Ail	Češnjak
Aromatique	Aromaticno
Basilic	Basile
Bénéfique	Korisno
Culinaire	Kulinarski
Estragon	Estragon
Fenouil	Komorač
Fleur	Cvijet
Ingrédient	Sastojak
Jardin	Bašta
Lavande	Lavanda
Marjolaine	Marjoram
Menthe	Menta
Persil	Peršun
Qualité	Kvalitet
Romarin	Rosemary
Safran	Šafran
Saveur	Ukus
Thym	Timijan
Vert	Zeleno

Ingénierie
Inženjering

Angle	Ugao
Axe	Osa
Calcul	Izračun
Construction	Gradnja
Diagramme	Dijagram
Diamètre	Diameter
Diesel	Dizel
Distribution	Distribucija
Énergie	Energija
Force	Strength
Leviers	Poluge
Liquide	Liquid
Machine	Mašina
Mesure	Merenje
Moteur	Motor
Profondeur	Dubina
Propulsion	Pogon
Rotation	Rotacija
Stabilité	Stabilnost
Structure	Struktura

Insectes
Insekti

Abeille	Pčela
Cafard	Bubašvaba
Cigale	Cicada
Coccinelle	Ladybug
Criquet	Locust
Fourmi	Ant
Frelon	Stršljen
Guêpe	Wasp
Larve	Larva
Libellule	Dragonfly
Mante	Mantis
Moucheron	Gnat
Moustique	Komarac
Papillon	Leptir
Puce	Buha
Puceron	Aphid
Sauterelle	Skakavac
Scarabée	Buba
Termite	Termit
Ver	Crv

Instruments de Musique
Muziät'ki Instrumenti

Banjo	Banjo
Basson	Fagot
Clarinette	Klarinet
Flûte	Flauta
Gong	Gong
Guitare	Gitara
Harmonica	Harmonika
Harpe	Harp
Hautbois	Oboe
Mandoline	Mandolina
Marimba	Marimba
Percussion	Udaraljke
Piano	Klavir
Saxophone	Saksofon
Tambour	Bubanj
Tambourin	Tambura
Trombone	Trombon
Trompette	Truba
Violon	Violinu
Violoncelle	Čelo

Jardin
Vrt

Arbre	Drvo
Banc	Klupa
Buisson	Grm
Clôture	Ograda
Étang	Pond
Fleur	Cvijet
Garage	Garaža
Hamac	Hammock
Herbe	Trava
Jardin	Bašta
Mauvaises Herbes	Korov
Pelle	Lopata
Pelouse	Travnjak
Râteau	Rake
Sol	Zemlja
Terrasse	Terasa
Trampoline	Trampolin
Tuyau	Crijevo
Verger	Voćnjak
Vigne	Vine

Jardinage
Vrtlarstvo

Botanique	Botanički
Bouquet	Buket
Climat	Klima
Comestible	Jestivo
Compost	Kompost
Eau	Voda
Espèce	Vrsta
Exotique	Egzotično
Feuillage	Lišće
Feuille	List
Fleur	Blossom
Floral	Cvjetni
Graines	Sjeme
Humidité	Vlaga
Récipient	Kontejner
Saisonnier	Sezonski
Saleté	Blato
Sol	Zemlja
Tuyau	Crijevo
Verger	Voćnjak

Jazz
Džez

Album	Album
Artiste	Umjetnik
Célèbre	Čuven
Chanson	Pjesma
Compositeur	Kompozitor
Composition	Sastav
Concert	Koncert
Favoris	Favoriti
Genre	Žanr
Improvisation	Improvizacija
Musique	Muzika
Nouveau	Novo
Orchestre	Orkestar
Rythme	Ritam
Solo	Solo
Style	Stil
Talent	Dar
Tambours	Bubnjevi
Technique	Tehnika
Vieux	Star

Jours et Mois
Dani i Mjeseci

Août	Avgust
Avril	April
Calendrier	Kalendar
Dimanche	Nedjelja
Février	Februar
Janvier	Januar
Jeudi	Četvrtak
Juillet	Juli
Juin	Jun
Lundi	Ponedjeljak
Mardi	Utorak
Mars	Mart
Mercredi	Srijeda
Mois	Mjesec
Novembre	Novembar
Octobre	Oktobar
Samedi	Subota
Semaine	Sedmicu
Septembre	Septembar
Vendredi	Petak

L'Entreprise
Kompanija

Affaires	Posao
Créatif	Kreativan
Décision	Odluka
Emploi	Zapošljavanje
Global	Globalno
Industrie	Industrija
Innovant	Inovativno
Investissement	Ulaganje
Possibilité	Mogućnost
Présentation	Prezentacija
Produit	Proizvod
Professionnel	Profesionalno
Progrès	Napredak
Qualité	Kvalitet
Ressources	Resursi
Revenu	Prihod
Réputation	Ugled
Risques	Rizici
Tendances	Trendovi
Unités	Jedinice

Les Abeilles
Pčele

Ailes	Krila
Bénéfique	Korisno
Cire	Wax
Diversité	Raznolikost
Essaim	Roj
Écosystème	Ekosistem
Fleur	Blossom
Fleurs	Cvijeće
Fruit	Voće
Fumée	Dim
Habitat	Stanište
Insecte	Insekt
Jardin	Bašta
Miel	Med
Nourriture	Hrana
Plantes	Biljke
Pollen	Polen
Reine	Kraljica
Ruche	Hive
Soleil	Sunce

Les Médias
Mediji

Attitudes	Stavovi
Commercial	Komercijalno
Communication	Komunikacija
En Ligne	Online
Édition	Izdanje
Éducation	Obrazovanje
Faits	Činjenice
Financement	Finansiranje
Industrie	Industrija
Intellectuel	Intelektualno
Journaux	Novine
Local	Lokalni
Magazines	Časopisi
Numérique	Digitalno
Opinion	Mišljenje
Photos	Slike
Public	Javno
Radio	Radio
Réseau	Mreža
Télévision	Televizija

Légumes
Povrće

Ail	Češnjak
Artichaut	Artičoka
Aubergine	Patlidžan
Brocoli	Brokula
Carotte	Mrkva
Céleri	Celer
Champignon	Gljiva
Citrouille	Tikva
Concombre	Krastavac
Échalote	Shallot
Épinard	Špinat
Gingembre	Ginger
Navet	Repa
Oignon	Luk
Olive	Olive
Persil	Peršun
Pois	Grašak
Radis	Rotkvica
Salade	Salata
Tomate	Paradajz

Littérature
Književnost

Analogie	Analogija
Analyse	Analiza
Anecdote	Anegdota
Auteur	Autor
Biographie	Biografija
Comparaison	Poređenje
Conclusion	Zaključak
Description	Opis
Dialogue	Dijalog
Fiction	Fikcija
Métaphore	Metafora
Narrateur	Narator
Poème	Poema
Poétique	Poetika
Rime	Rima
Roman	Roman
Rythme	Ritam
Style	Stil
Thème	Tema
Tragédie	Tragedija

Livres
Knjige

Auteur	Autor
Aventure	Avantura
Collection	Zbirka
Contexte	Kontekst
Dualité	Dualitet
Écrit	Napisano
Épique	Epski
Histoire	Priča
Historique	Historijski
Humoristique	Humoran
Inventif	Inventivno
Lecteur	Čitač
Littéraire	Književno
Narrateur	Narator
Page	Stranica
Poème	Poema
Poésie	Poezija
Roman	Roman
Série	Serija
Tragique	Tragično

Maison
Kuća

Balai	Metla
Bibliothèque	Biblioteka
Chambre	Soba
Cheminée	Kamin
Clés	Ključeve
Clôture	Ograda
Cuisine	Kuhinja
Douche	Tuš
Fenêtre	Prozor
Garage	Garaža
Grenier	Tavan
Jardin	Bašta
Lampe	Lampa
Miroir	Ogledalo
Mur	Zid
Plafond	Plafon
Porte	Vrata
Rideaux	Zavjese
Tapis	Tepih
Toit	Krov

Maladie
Bolesti

Allergies	Alergije
Bactérien	Bakterijski
Bien-Être	Wellness
Contagieux	Zarazno
Corps	Telo
Cœur	Srce
Faible	Slab
Génétique	Genetski
Héréditaire	Nasljedno
Immunité	Imunitet
Inflammation	Upala
Lombaire	Lumbar
Neuropathie	Neuropatija
Os	Kosti
Pathogènes	Patogeni
Respiratoire	Respiratorni
Santé	Zdravlje
Sinus	Sinus
Syndrome	Sindrom
Thérapie	Terapija

Mammifères
Sisavci

Baleine	Kit
Chat	Mačka
Cheval	Konj
Chien	Pas
Coyote	Kojot
Dauphin	Delfin
Éléphant	Slon
Girafe	Žirafa
Gorille	Gorila
Kangourou	Kengur
Lapin	Zec
Lion	Lav
Loup	Vuk
Mouton	Ovce
Ours	Bear
Renard	Lisica
Singe	Majmun
Taureau	Bik
Tigre	Tigar
Zèbre	Zebra

Mathématiques
Matematiäťki

Angles	Uglovi
Arithmétique	Aritmetika
Carré	Kvadrat
Circonférence	Obim
Décimal	Decimalni
Diamètre	Diameter
Exposant	Exponent
Équation	Jednačina
Géométrie	Geometrija
Nombres	Brojevi
Parallèle	Paralelno
Parallélogramme	Paralelogram
Périmètre	Perimetar
Polygone	Poligon
Rayon	Radijus
Rectangle	Pravougaonik
Somme	Suma
Symétrie	Simetrija
Triangle	Trougao
Volume	Volume

Mesures
Mjerenja

Centimètre	Centimetar
Degré	Stepen
Décimal	Decimalni
Gramme	Gram
Hauteur	Visina
Kilogramme	Kilogram
Kilomètre	Kilometar
Largeur	Širina
Litre	Litar
Longueur	Dužina
Masse	Mass
Mètre	Meter
Minute	Minuta
Octet	Bajt
Once	Unca
Poids	Težina
Pouce	Inch
Profondeur	Dubina
Tonne	Tona
Volume	Volume

Météo
Vrijeme

Arc-En-Ciel	Duga
Atmosphère	Atmosfera
Brouillard	Magla
Ciel	Nebo
Climat	Klima
Éclair	Munja
Glace	Led
Humide	Vlažno
Inondation	Poplava
Mousson	Monsun
Nuage	Oblak
Ouragan	Uragan
Polaire	Polar
Sec	Suho
Sécheresse	Suša
Température	Temperatura
Tempête	Oluja
Tonnerre	Thunder
Tornade	Tornado
Vent	Vjetar

Musique
Muzika

Album	Album
Ballade	Balada
Chanter	Pjevati
Chanteur	Singer
Classique	Klasika
Enregistrement	Snimanje
Harmonie	Harmonija
Harmonique	Harmonik
Instrument	Instrument
Lyrique	Lirski
Mélodie	Melodija
Microphone	Mikrofon
Musical	Mjuzikl
Musicien	Muzičar
Opéra	Opera
Poétique	Poetika
Rythme	Ritam
Rythmique	Ritmički
Tempo	Tempo
Vocal	Vokal

Mythologie
Mitologija

Archétype	Arhetip
Catastrophe	Katastrofa
Ciel	Nebo
Comportement	Ponašanje
Création	Stvaranje
Créature	Stvorenje
Culture	Kultura
Éclair	Munja
Force	Strength
Guerrier	Ratnik
Héros	Junak
Immortalité	Besmrtnost
Jalousie	Ljubomora
Labyrinthe	Labirint
Légende	Legenda
Monstre	Čudovište
Mortel	Smrtnik
Tonnerre	Thunder
Triomphant	Trijumfa
Vengeance	Osveta

Nature
Priroda

Abeilles	Pčele
Abri	Sklonište
Animaux	Životinje
Arctique	Arktik
Beauté	Ljepota
Brouillard	Magla
Désert	Pustinja
Dynamique	Dinamički
Érosion	Erozija
Feuillage	Lišće
Fleuve	Rijeka
Forêt	Šuma
Glacier	Ledenjak
Montagnes	Planine
Nuage	Oblaci
Paisible	Mirno
Sanctuaire	Svetište
Sauvage	Divlji
Serein	Serene
Tropical	Tropski

Nombres
Brojevi

Cinq	Pet
Deux	Dva
Décimal	Decimalni
Dix	Deset
Dix-Huit	Osamnaest
Dix-Neuf	Devetnaest
Dix-Sept	Sedamnaest
Douze	Dvanaest
Huit	Osam
Neuf	Devet
Quatorze	Četrnaest
Quatre	Četiri
Quinze	Petnaest
Seize	Šesnaest
Sept	Sedam
Six	Šest
Treize	Trinaest
Trois	Tri
Vingt	Dvadeset
Zéro	Nula

Nourriture #1
Hrana # 1

Ail	Češnjak
Basilic	Basile
Café	Kafa
Cannelle	Cimet
Carotte	Mrkva
Citron	Limun
Épinard	Špinat
Fraise	Jagoda
Jus	Sok
Lait	Mlijeko
Navet	Repa
Oignon	Luk
Orge	Ječam
Poire	Kruška
Salade	Salata
Sel	So
Soupe	Supa
Sucre	Šećer
Thon	Tuna
Viande	Meso

Nourriture #2
Hrana # 2

Amande	Badem
Aubergine	Patlidžan
Banane	Banana
Blé	Pšenica
Brocoli	Brokula
Cerise	Trešnja
Céleri	Celer
Champignon	Gljiva
Chocolat	Čokolada
Jambon	Šunka
Kiwi	Kivi
Mangue	Mango
Oeuf	Jaje
Pain	Kruh
Poisson	Riba
Pomme	Jabuka
Poulet	Kokoš
Raisin	Grožđe
Riz	Riža
Tomate	Paradajz

Nutrition
Ishrana

Amer	Gorak
Appétit	Apetit
Calories	Kalorije
Comestible	Jestivo
Diète	Dijeta
Digestion	Probava
Épices	Začini
Équilibré	Balans
Fermentation	Fermentacija
Ingrédients	Sastojci
Liquides	Tečnosti
Poids	Težina
Protéines	Proteini
Qualité	Kvalitet
Sain	Zdrav
Santé	Zdravlje
Sauce	Sos
Saveur	Ukus
Toxine	Toksin
Vitamine	Vitamin

Océan
Ocean.

Anguille	Jegulja
Baleine	Kit
Bateau	Boat
Corail	Koral
Crabe	Rak
Crevette	Škamp
Dauphin	Delfin
Éponge	Sunđer
Huître	Oyster
Marées	Plime
Méduse	Meduza
Poisson	Riba
Poulpe	Hobotnica
Requin	Ajkula
Récif	Greben
Sel	So
Tempête	Oluja
Thon	Tuna
Tortue	Kornjača
Vagues	Talasi

Oiseaux
Ptice

Aigle	Orao
Autruche	Noj
Canard	Patka
Cigogne	Roda
Colombe	Dove
Corbeau	Vrana
Coucou	Kukavica
Cygne	Labud
Héron	Heron
Manchot	Pingvin
Moineau	Sparrow
Mouette	Gull
Oeuf	Jaje
Oie	Guska
Paon	Paun
Perroquet	Papagaj
Pélican	Pelikan
Pigeon	Golub
Poulet	Kokoš
Toucan	Toucan

Pays #1
Zemlje # 1

Afghanistan	Afganistan
Allemagne	Njemačka
Argentine	Argentina
Brésil	Brazil
Canada	Kanada
Espagne	Španija
Équateur	Ekvador
Finlande	Finska
Inde	Indija
Israël	Izrael
Libye	Libija
Mali	Mali
Maroc	Maroko
Nicaragua	Nikaragva
Norvège	Norveška
Panama	Panama
Philippines	Filipini
Pologne	Poljska
Roumanie	Rumunija
Venezuela	Venecuela

Pays #2
Zemlje Broj 2

Albanie	Albanija
Chine	Kina
Danemark	Danska
France	Francuska
Haïti	Haiti
Indonésie	Indonezija
Irlande	Irska
Jamaïque	Jamajka
Japon	Japan
Kenya	Kenija
Laos	Laos
Liban	Libanon
Mexique	Meksiko
Ouganda	Uganda
Pakistan	Pakistan
Russie	Rusija
Somalie	Somalija
Soudan	Sudan
Syrie	Sirija
Ukraine	Ukrajina

Paysages
Krajolici

Cascade	Vodopad
Colline	Brdo
Désert	Pustinja
Estuaire	Estuary
Fleuve	Rijeka
Geyser	Gejzir
Glacier	Ledenjak
Grotte	Pećina
Iceberg	Santa Leda
Île	Island
Lac	Jezero
Marais	Močvara
Mer	More
Montagne	Planina
Oasis	Oasis
Péninsule	Poluotok
Plage	Plaža
Toundra	Tundra
Vallée	Dolina
Volcan	Vulkan

Philanthropie

Filantropija

Buts	Ciljevi
Charité	Charity
Communauté	Zajednica
Contacts	Kontakti
Défis	Izazovi
Enfants	Djeca
Finance	Finansije
Fonds	Sredstva
Gens	Ljudi
Générosité	Velikodušnost
Global	Globalno
Groupes	Grupe
Histoire	Istorija
Honnêteté	Iskrenost
Humanité	Čovječnost
Jeunesse	Mladost
Mission	Misija
Programmes	Programi
Public	Javno

Photographie

Bibliografija

Adoucir	Omekšati
Cadre	Okvir
Caméra	Kamera
Composition	Sastav
Contraste	Kontrast
Couleur	Boja
Définition	Definicija
Exposition	Izložba
Éclairage	Rasvjeta
Format	Format
Noir	Crna
Objet	Objekt
Obscurité	Tama
Ombre	Sjene
Perspective	Perspektiva
Portrait	Portret
Sujet	Predmet
Texture	Tekstura
Visuel	Vizuelni

Physique

Fizika

Accélération	Ubrzanje
Atome	Atom
Chaos	Haos
Chimique	Hemijski
Densité	Gustina
Électron	Elektron
Formule	Formula
Fréquence	Učestalost
Gaz	Gas
Gravité	Gravitacija
Magnétisme	Magnetizam
Masse	Mass
Mécanique	Mehanika
Molécule	Molekula
Moteur	Motor
Nucléaire	Nuklearni
Particule	Čestica
Relativité	Relativnost
Universel	Univerzalni
Vitesse	Brzina

Plage

Plaža

Bateau	Boat
Bleu	Plava
Coquilles	Školjke
Côte	Obala
Crabe	Rak
Dock	Dok
Île	Island
Lagune	Laguna
Mer	More
Océan	Ocean
Parapluie	Kišobran
Récif	Greben
Sable	Pijesak
Sandales	Sandale
Serviette	Ručnik
Soleil	Sunce
Vacances	Odmor
Voilier	Jedrilica

Plantes

Biljke

Arbre	Drvo
Baie	Berry
Bambou	Bambus
Botanique	Botanika
Buisson	Grm
Cactus	Kaktus
Engrais	Đubrivo
Feuillage	Lišće
Fleur	Cvijet
Flore	Flora
Forêt	Šuma
Grandir	Grow
Haricot	Grah
Herbe	Trava
Jardin	Bašta
Lierre	Bršljan
Mousse	Moss
Pétale	Latica
Racine	Root
Végétation	Vegetacija

Professions #1

Profesije #1

Ambassadeur	Ambasador
Artiste	Umjetnik
Astronome	Astronom
Avocat	Advokat
Banquier	Bankar
Bijoutier	Zlatar
Cartographe	Kartograf
Chasseur	Lovac
Danseur	Dancer
Entraîneur	Trener
Éditeur	Urednik
Géologue	Geolog
Infirmière	Sestro.
Médecin	Doktor
Musicien	Muzičar
Pianiste	Pijanist
Pompier	Vatrogasac
Psychologue	Psiholog
Scientifique	Naučnik
Vétérinaire	Veterinar

Professions #2
Profesije #2

Astronaute	Astronaut
Bibliothécaire	Bibliotekar
Biologiste	Biolog
Chercheur	Istraživač
Chirurgien	Hirurg
Dentiste	Zubar
Détective	Detektiv
Enseignant	Učitelj
Illustrateur	Ilustrator
Ingénieur	Inženjer
Inventeur	Izumitelj
Jardinier	Vrtlar
Journaliste	Novinar
Linguiste	Lingvist
Médecin	Doktor
Peintre	Slikar
Philosophe	Filozof
Photographe	Fotograf
Pilote	Pilot
Zoologiste	Zoolog

Psychologie
Psihologija

Clinique	Klinički
Comportement	Ponašanje
Conflit	Sukob
Ego	Ego
Enfance	Djetinje
Expériences	Iskustva
Émotions	Emocije
Évaluation	Procjena
Idées	Ideje
Inconscient	Nesvjesno
Influences	Uticaji
Pensées	Misli
Perception	Percepcija
Personnalité	Ličnost
Problème	Problem
Rendez-Vous	Sastanak
Réalité	Stvarnost
Rêves	Snovi
Sensation	Senzacija
Thérapie	Terapija

Randonnée
Planinarenje

Animaux	Životinje
Bottes	Čizme
Camping	Kampiranje
Carte	Mapa
Climat	Klima
Dangers	Opasnosti
Eau	Voda
Falaise	Cliff
Fatigué	Umoran
Guides	Vodiči
Lourd	Teška
Montagne	Planina
Nature	Priroda
Orientation	Orijentacija
Parcs	Parkovi
Pierres	Kamenje
Préparation	Priprema
Sauvage	Divlji
Soleil	Sunce
Sommet	Samit

Réchauffement Climatique
Globalno Zagrijavanje

Arctique	Arktik
Attention	Pažnja
Changements	Promjene
Climat	Klima
Crise	Kriza
Développement	Razvoj
Données	Podaci
Énergie	Energija
Futur	Budućnost
Gaz	Gas
Générations	Generacije
Gouvernement	Vlada
Habitats	Staništa
Industrie	Industrija
International	Međunarodni
Législation	Zakonodavstvo
Maintenant	Sada
Populations	Populacije
Scientifique	Naučnik
Températures	Temperature

Santé et Bien-Être #1
Zdravlje i Wellness #1

Actif	Aktivno
Bactéries	Bakterije
Blessure	Povreda
Clinique	Klinika
Faim	Glad
Fracture	Fraktura
Habitude	Navika
Hauteur	Visina
Hormone	Hormoni
Médecin	Doktor
Médicament	Lijek
Muscles	Mišići
Os	Kosti
Peau	Koža
Pharmacie	Apoteka
Relaxation	Opuštanje
Réflexe	Refleks
Thérapie	Terapija
Traitement	Tretman
Virus	Virus

Santé et Bien-Être #2
Zdravlje i Wellness #2

Allergie	Alergija
Anatomie	Anatomija
Appétit	Apetit
Calorie	Kalorija
Corps	Telo
Déshydratation	Dehidracija
Énergie	Energija
Génétique	Genetika
Hôpital	Bolnica
Hygiène	Higijena
Infection	Infekcija
Maladie	Bolest
Massage	Masaža
Nutrition	Ishrana
Poids	Težina
Récupération	Oporavak
Sain	Zdrav
Sang	Krv
Stress	Stres
Vitamine	Vitamin

Science
Nauka

Atome	Atom
Chimique	Hemijski
Climat	Klima
Données	Podaci
Expérience	Eksperiment
Évolution	Evolucija
Fait	Činjenica
Fossile	Fosil
Gravité	Gravitacija
Hypothèse	Hipoteza
Laboratoire	Laboratorija
Méthode	Metoda
Minéraux	Minerali
Molécules	Molekule
Nature	Priroda
Organisme	Organizam
Particules	Čestice
Physique	Fizika
Plantes	Biljke
Scientifique	Naučnik

Science-Fiction
Znanstvena Fantastika

Atomique	Atomic
Cinéma	Bioskop
Dystopie	Distopija
Explosion	Eksplozija
Extrême	Extreme
Fantastique	Fantastično
Feu	Pali!
Futuriste	Futuristički
Galaxie	Galaksija
Illusion	Iluzija
Imaginaire	Imaginarno
Livres	Knjige
Monde	Svijet
Mystérieux	Misteriozno
Oracle	Oracle
Planète	Planeta
Robots	Roboti
Scénario	Scenario
Technologie	Tehnologija
Utopie	Utopija

Technologie
Tehnologija

Blog	Blog
Caméra	Kamera
Curseur	Kursor
Données	Podaci
Écran	Ekran
Fichier	Fajl
Internet	Internet
Logiciel	Softver
Message	Poruka
Navigateur	Preglednik
Numérique	Digitalno
Octets	Bajtova
Ordinateur	Računar
Police	Font
Recherche	Istraživanje
Sécurité	Sigurnost
Statistiques	Statistika
Virtuel	Virtualno
Virus	Virus

Temps
Vrijeme

Année	Godina
Annuel	Godišnji
Après	Poslije
Aujourd'Hui	Danas
Avant	Prije
Bientôt	Uskoro
Calendrier	Kalendar
Décennie	Decenija
Futur	Budućnost
Heure	Sat
Hier	Juče
Jour	Dan
Maintenant	Sada
Matin	Jutro
Midi	Podne
Minute	Minuta
Mois	Mjesec
Nuit	Noć
Semaine	Sedmicu
Siècle	Century

Types de Cheveux
Tipovi za Kosu

Blanc	Bela
Blond	Plava
Boucles	Kovrče
Chauve	Ćelav
Coloré	Obojeno
Court	Kratko
Doux	Meko
Épais	Debeo
Frisé	Curly
Gris	Siva
Long	Dugo
Marron	Brown
Mince	Tanak
Noir	Crna
Sain	Zdrav
Sec	Suho
Tresses	Pletenice
Tressé	Braided

Univers
Univerzum

Astéroïde	Asteroid
Astronome	Astronom
Astronomie	Astronomija
Atmosphère	Atmosfera
Ciel	Nebo
Cosmique	Cosmic
Équateur	Ekvator
Galaxie	Galaksija
Hémisphère	Hemisfera
Horizon	Horizont
Latitude	Latitude
Longitude	Dužina
Lune	Mjesec
Obscurité	Tama
Orbite	Orbita
Solaire	Solarno
Solstice	Solsticij
Télescope	Teleskop
Visible	Vidljiv
Zodiaque	Zodiac

Vacances #2

Odmor # 2

Aéroport	Aerodrom
Camping	Kampiranje
Carte	Mapa
Destination	Odredište
Étranger	Strani
Hôtel	Hotel
Île	Island
Loisir	Leisure
Mer	More
Passeport	Pasoš
Photos	Slike
Plage	Plaža
Restaurant	Restoran
Réservations	Rezervacije
Taxi	Taksi
Tente	Šator
Train	Voz
Transport	Transport
Visa	Visa
Voyage	Putovanje

Véhicules

Vozila

Ambulance	Hitna
Avion	Avion
Bateau	Boat
Bus	Autobus
Camion	Kamion
Caravane	Karavan
Ferry	Trajekt
Fusée	Raketa
Hélicoptère	Helikopter
Métro	Podzemna
Moteur	Motor
Navette	Šatl
Pneus	Gume
Radeau	Splav
Scooter	Skuter
Sous-Marin	Podmornica
Taxi	Taksi
Tracteur	Traktor
Vélo	Bicikl
Voiture	Auto

Vêtements

Odjeća

Bracelet	Narukvica
Ceinture	Kaiš
Chapeau	Šešir
Chaussure	Cipela
Chemise	Košulja
Chemisier	Bluza
Collier	Ogrlica
Foulard	Šal
Gants	Rukavice
Jeans	Farmerke
Jupe	Suknja
Manteau	Kaput
Mode	Moda
Pantalon	Hlače
Pull	Džemper
Pyjama	Pidžama
Robe	Haljina
Sandales	Sandale
Tablier	Kecelja
Veste	Jakna

Ville

Grad

Aéroport	Aerodrom
Banque	Banka
Bibliothèque	Biblioteka
Boulangerie	Pekara
Cinéma	Bioskop
Clinique	Klinika
École	Škola
Fleuriste	Cvjećar
Galerie	Galerija
Hôtel	Hotel
Librairie	Knjižara
Marché	Tržište
Musée	Muzej
Pharmacie	Apoteka
Restaurant	Restoran
Stade	Stadion
Supermarché	Supermarket
Théâtre	Pozorište
Université	Univerzitet
Zoo	Zoo

Félicitations

Vous avez réussi !

Nous espérons que vous avez apprécié ce livre autant que nous avons pris plaisir à le concevoir. Nous faisons de notre mieux pour créer des livres de la meilleure qualité possible.
Cette édition est conçue pour permettre un apprentissage intelligent et de qualité en se divertissant !

Vous avez aimé ce livre ?

Une Simple Demande

Nos livres existent grâce aux avis que vous publiez. Pourriez-vous nous aider en laissant un avis maintenant ?

Voici un lien rapide qui vous mènera à votre page d'évaluation de vos commandes :

BestBooksActivity.com/Avis50

CHALLENGE FINAL !

Défi n°1

Êtes-vous prêt pour votre jeu bonus ? Nous les utilisons tout le temps mais ils ne sont pas si faciles à trouver. Voici les Synonymes !

Notez 5 mots que vous avez trouvés dans les puzzles notés ci-dessous (n°21, n°36, n°76) et essayez de trouver 2 synonymes pour chaque mot.

Notez 5 Mots du ***Puzzle 21***

Mots	Synonyme 1	Synonyme 2

Notez 5 Mots du ***Puzzle 36***

Mots	Synonyme 1	Synonyme 2

Notez 5 Mots du ***Puzzle 76***

Mots	Synonyme 1	Synonyme 2

Défi n°2

Maintenant que vous vous êtes échauffé, notez 5 mots que vous avez découverts dans les Puzzles n° 9, n° 17, n° 25 et essayez de trouver 2 antonymes pour chaque mot. Combien pouvez-vous en trouver en 20 minutes ?

Notez 5 Mots du ***Puzzle 9***

Mots	Antonyme 1	Antonyme 2

Notez 5 Mots du ***Puzzle 17***

Mots	Antonyme 1	Antonyme 2

Notez 5 Mots du ***Puzzle 25***

Mots	Antonyme 1	Antonyme 2

Défi n°3

Formidable ! Ce défi final  n’est rien pour vous.

Prêt pour le dernier défi ? Choisissez 10 mots que vous avez découverts parmi les différents puzzles et notez-les ci-dessous.

1.	6.
2.	7.
3.	8.
4.	9.
5.	10.

Maintenant, composez un texte en pensant à une personne, un animal ou un lieu que vous aimez !

Astuce: Vous pouvez utiliser la dernière page de ce livre comme brouillon !

Votre Composition :

CARNET DE NOTES :

À TRÈS BIENTÔT !

Toute l'équipe